M000044252

Calladita me veo más bonita… ¡ni madres!

Ale Velasco

Calladita me veo más bonita... ¡ni madres!

Catalogación de la fuente

Velasco, Alejandra

Calladita me veo más bonita… ¡Ni madres! — México:

Picolo, Trillas 2012.

202 p.; 21 cm. – (Mujeres hechas en México; 2)

ISBN 978-607-7671-12-1

1. Mujeres – Derechos.

2. Mujeres – Historia y condición de la mujer. I. t. II. Ser.

Serie: Mujeres hechas en México
Tomo 2: Calladita me veo más bonita... ¡Ni madres!

Consejo editorial: Alejandra Velasco y José Francisco Hernández
Asistente Dirección General: Mónica Lara Gómez
Asistente Administrativo: Raymundo Murguía Cadena
Diseño y supervisión editorial: Mujeres Hechas en México
Diagramación: Perla Alejandra López Romo
Diseñador de Portada Alejandro Colín.
Coordinación para EU: Carlos J. Matallana
Coordinadora de Proyecto: Laura Ignacio

ISBN: 978-607-7671-12-1

Primera edición: septiembre 2011
Primera reimpresión: enero 2012
Segunda edición: febrero 2012

Impreso en México
Printed in Mexico

Índice

Ámate

Hoy que estas aquí sentada, quiero que
este momento sea especial.

Definitivamente el siglo XXI es nuestro siglo.

Es el siglo de las oportunidades, el pasado es historia.

El presente son hechos.

Hoy tenemos la oportunidad de
prepararnos, de desarrollarnos.

Tal vez nuestras abuelas y nuestras madres
no tuvieron la misma suerte.

A lo largo de los años hemos adquirido
demasiadas responsabilidades.

Recordemos que somos y seremos un pilar
decisivo en la vida de nuestra familia.

Hoy tenemos la opción de escoger, caminar solas
o acompañadas, sin tantos reproches, sin rechazo,
por la simple convicción de que somos mujeres,
que nos queremos, que nos valoramos.

Si no es así, aprende a tomar tu fuerza
interna para salir adelante.

Seguramente tendremos caídas, tropezones,
pero lo decisivo es tener la frente en alto.

Las mujeres estamos para ayudarnos, no para pisarnos.

El mundo ha cambiado a la mujer, es hora
de que la mujer cambie al mundo.

Agrega a tu vida valores como tenacidad,
perseverancia, generosidad.

Sonríele a la vida y concéntrate en lo bueno que te brinda.

Aprende a ser flexible, ya que cada día es diferente.

Deja de buscar a tu media naranja,

mejor encuéntrate a ti misma.

Recuerda, mas no te tortures,

Descubres que cada momento, cada instante,

la vida te da la oportunidad de crecer como persona.

No hay mal que por bien no venga.

Aprende a ver el lado positivo de la vida y te aseguro
que siempre encontrarás brillo en lo que haces.

Sé la princesa de tu propia historia, de tu propio camino...

ALE VELASCO

Amo Ser Mujer

Amo tener la posibilidad de ser madre y convertirme en una nueva mujer.

Amo ser sensible pero a veces explosiva.

Amo hacer dos cosas a la vez.

Amo hablar más que los hombres.

Amo poder ser expresiva y en ocasiones llorar.

Amo sentir y expresar lo que siento.

Amo ser sensible pero suficientemente fuerte para dar ánimos a otra persona.

Las mujeres somos unas verdaderas guerreras, siempre luchando por nuestra familia.

La nueva mujer sabe que la mejor herencia que puede dejar a sus hijos son las raíces y las alas.

La sal y la pimienta de la vida es el sentido del humor: ríe más y más seguido, no te rías de la vida, ríete con ella.

No te preocupes por el mañana, ocúpate por el hoy.

Suma a tu vida, nunca le restes.

Ama y aprecia a la mujer y no abuses nunca de su debilidad.

ALE VELASCO

Prólogo

Escribir un prólogo siempre es un privilegio, y quiero agradecer a Ale Velasco por haber pensado en mí para este libro.

Empezaré por decir que yo no tengo nada de calladita, ya que desde los tres años me he dedicado a hablar, primero por televisión, luego por radio y en teatro. ¡Me encanta hablar! Al fin mujer… Me gusta comunicar ideas y expresarme, claro que también me apasiona escuchar.

Este ejercicio cotidiano de hacer un programa de radio desde hace 29 años me lleva a pensar todos los días en qué voy a proponer a mi auditorio con mi equipo de especialistas y luego esperar el comentario del público… En otras palabras: que nadie se quede calladito.

Lo primero que me dijo Ale fue: "Te mando el libro". Cuando llegó a mis manos procedí a leerlo, materialmente lo devoré y me gustó mucho porque, una vez más, Ale nos lleva de la mano a reconocernos y a hacer un recorrido histórico por nuestro quehacer femenino. En cada palabra, bien puesta en Calladita, está la alegría, el compromiso y la pasión de ser mujer.

La investigación, la observación, las reflexiones, frases y cartas que Ale ha escrito, nos mueven. Bueno, Ale no quiere vernos quietas… siempre nos mueve desde adentro para dar el siguiente paso, pero un paso bien pensado y apoyado en la asertividad.

Claro que no es fácil, nunca lo ha sido, y en estos tiempos en que la vida nos exige más y mejor, necesitamos SER MUJERES DE CALIDAD, MUJERES ACTUALES, y la diferencia radica en PREPARARNOS. No hay de otra. Estoy convencida de que no todas podemos asistir a un salón de clases, pero la vida actual nos ofrece un sin fin de opciones. Desde seleccionar qué tipo de programas de radio escuchar, qué programas de

TV ver, qué leer, con quiénes nos reunimos, qué pensamientos estamos alimentando, y eso hace la gran diferencia, porque vamos aprendiendo a llevar mejor nuestra vida.

Ale Velasco nos motiva para ser Mujeres Actuales, esas que antes de darse a otros, SE DAN a sí mismas tiempo para dormir lo necesario, para ver al médico, para leer, para hacer ejercicio, para platicar con las amigas, para ponerse una mascarilla, para mirarse al espejo y sonreír. ¡Este ya es un buen principio! Para poder amar y atender a los otros, primero debes amarte y atenderte.

¡Qué distinto es nuestro mundo comparado con otras épocas! Recuerdo a mis abuelas y a mi madre. Mujeres maravillosas e inolvidables; solo que tenían un defecto: dedicaban su vida al bienestar de los demás; ya si les sobraba tiempo o energía, entonces se atendían, se dejaban hasta el final. Al final de la comida sin sentarse, por servir a todos y luego ellas comiendo lo que quedara "para que no se desperdicie".

Todos al doctor y ella no. ¿Para qué? Si no está enferma, se siente bien y los recursos son escasos… ya después, ¡Dios dirá!

Por eso, reconozco amorosamente a las grandes mujeres que me han acompañado y me siguen acompañando.

Al recorrer las páginas de este libro vinieron a mi mente las mujeres de mi vida, como mis abuelas, mi madre, mi hermana, mis sobrinas y, por supuesto, mi hija. Me invade un sentimiento de gratitud hacia todas ellas.

Gracias, Ale Velasco, por este hermoso libro que INSPIRA e invita a la reflexión.

A todas las bellas Mujeres Actuales les digo: POR FAVOR, DISFRUTEN INTENSAMENTE EL PRIVILEGIO DE SER MUJER y hagan suyas estas páginas llenas de sabiduría y de amor.

JANETT ARCEO

Capítulo I

EL PAPEL DE LA MUJER EN LA HISTORIA

La mayoría de las veces, cuando hablamos de historia de México o del mundo, pensamos que las mujeres no intervienen en las batallas, revoluciones, progresos o retrocesos que ha tenido la humanidad. Esto se debe a la cultura machista que tenemos ya tan arraigada.

Pensamos: ¿Qué no todo lo bueno que ha pasado, ha sido por el hombre y para el hombre? Creemos que la respuesta indicada es Sí, pero no es verdad, hay que tomar en cuenta que hemos tenido varias mentes brillantes, audaces y capaces que lamentablemente han sido opacadas por esa absurda ideología de la superioridad masculina, esta costumbre social constituye uno de los principales obstáculos con que se encuentra la mujer para poder desenvolverse.

Es fundamental resaltar que trabajo por la mujer y para la familia, amo a los hombres, de hecho las personas más importantes para mí son varones. Toda mi vida he estado rodeada de hombres. Tengo dos hermanos, dos hijos, los primeros años de mi vida me sentía como Blanca nieves porque tenía diez primos varones. Llevo veinte años de casada; es decir, he estado alrededor de mucha testosterona, por lo que respeto y amo a los hombres.

Como ejemplo podemos tomar a Juana Ramírez de Asbaje, mejor conocida como Sor Juana Inés de la Cruz, una de las mujeres más importantes de México, ella fue una de las mujeres más sobre salientes y de quien nos sentimos tan orgullosos todos los mexicanos. Deberíamos tomarla de ejemplo, puesto que a pesar de vivir en una época exageradamente machista realizó su mayor sueño: estudiar. Digo que era un sueño porque nuestros antepasados pensaban que la mujer sólo servía para procrear, atender la casa y cuidar a los niños, por esto mismo estaba totalmente prohibido el estudio para las mujeres, pero estos prejuicios absurdos no la convencieron, y ya que era una mujer tan decidida y fuerte se las ingenió para poder seguir estudiando. Su poesía la tenemos presente y siempre estará con nosotros.

También me atrevo a recordar que la mujer fue quien incitó al hombre a probar del fruto prohibido, ese pasaje bíblico me parece muy injusto porque nos hace pensar que la mujer es la culpable de todas las desdichas humanas.

Digo esto porque una de las frases que más repetimos entre mujeres es precisamente la que da título a este libro. ¿Se han fijado con cuánta frecuencia decimos que *calladitas nos vemos más bonitas*? ¿Y se han dado cuenta del matiz de sumisión que contiene esa frase?

En figuras como Sor Juana y muchas otras podemos observar su fortaleza, su deseo de superación. Qué daría porque todas las mujeres mexicanas tuvieran el valor que otras pocas han demostrado. Mi propósito, en este libro, es dar a entender que poco a poco las mujeres podemos tener la igualdad que tanto queremos. Y contra lo que se repite una y otra vez, acerca de que los cambios no se dan de la noche a la mañana, yo creo que sí, que al menos en nuestro interior podemos dejar de convencernos de que debemos permanecer calladas. Si nos convencemos de que dejar la sumisión y el miedo al éxito nos ayudarán a ser no sólo mejores mujeres, sino también seres humanos más completos, entonces sí experimentaremos cambios drásticos de la noche a la mañana.

Y así como la décima musa, jamás hay que dejarnos vencer, por más contracorrientes que existan, tenemos que permanecer con el paso firme y así dejar en alto a nuestro primer nombre "MUJER". Y si el camino tiene una subida muy pesada, date una tregua, pero nunca claudiques.

Yo sé que las mujeres tenemos grandes capacidades y talentos, sé que podemos hablar, pensar y actuar, y por eso las invito a crear un México nuevo, una mujer latina diferente, en donde el concepto de mujer quedará en alto, donde el hombre y la mujer sean unas líneas paralelas.

Cómo digo en mi libro *Varones y princesas*, debemos educar a mujeres y hombres de manera distinta pero no desigual.

Cooperación y apoyo, eso es trabajo en equipo, y este lo formamos como pareja, el hombre es el complemento de la mujer y la mujer es el complemento del hombre. Si unificáramos nuestras fuerzas, ideas, inteligencia y habilidades seríamos uno, *uno* que tendría el valor de millones.

Desgraciadamente hoy observamos parejas que se separan porque no se entienden, porque cada uno busca personas diferentes. No podemos cambiar al hombre de la noche a la mañana, cuando ellos estaban acostumbrados a ver a una madres totalmente diferentes a las de ahora, no estoy diciendo que las mujeres de ayer estén mal pero muchas de ellas estaban convencidas desde que se casaban que su única prioridad era su esposo y sus hijos, ellas quedaban en un segundo término. Muchas estaban convencidas que era lo mejor, otras no tanto pero no les quedaba de otra que aguantarse.

Un punto curioso que he observado de las mujeres exitosas de hace algunas décadas, era porque se quedaban viudas, o las dejaba el marido, o el papá se enfermaba y no les quedaba de otra que ponerse a trabajar para mantener a sus hijos. También sucedía que la pena era tan grande como la responsabilidad que no lo soportaban y se morían de la tristeza. Cuántos casos no hemos escuchado de niños huérfanos de padre y madre.

La mujer tiene un don enorme, el don de dar vida. Y esto no es una visión poética: realmente la mujer otorga la vida, pero, al mismo tiempo, muchas mujeres no son dueñas de su propio destino. Por eso, en mis libros, en mis conferencias, en mis testimonios como mujer de mi tiempo, quiero animarlas, darles esperanza, infundirles el valor de mirarse como lo que son: seres valiosos e irremplazables.

¡Conquistemos nuestra propia feminidad!

Rayos de sol

Elsa tenía una abuela muy muy vieja, de cabello blanco, de piel muy blanca, con arrugas en todo el rostro.

El padre de Elsa tenía una gran casa en una colina.

Todos los días el sol asomaba por las ventanas del sur. Todo lucía brillante y hermoso.

La abuela vivía en el lado norte de la casa. El sol nunca entraba en su habitación.

Un día Elsa dijo a su padre:

—¿Por qué el sol no entra en la habitación de la abuela? Sé que a ella le gustaría recibirlo.

—No hay sol en las ventanas del norte —dijo su padre.

—Entonces volteemos la casa, papá.

—Es demasiado grande para eso —dijo su padre.

—¿La abuela nunca tendrá sol en su habitación? —preguntó Elsa.

—Claro que no, hija, a menos que tú puedas llevarle un poco.

Después de eso, Elsa trató de pensar en modos de llevarle un rayo de sol a su abuela.

Cuando jugaba en los campos, veía la hierba y las flores ondulantes. Los pájaros cantaban dulcemente mientras volaban de árbol en árbol.

Todo parecía decir: Amamos el sol. Amamos el radiante y cálido sol.

—La abuela también lo amaría —pensaba la niña—. Debo llevarle un poco.

Una mañana, cuando estaba en el jardín, sintió los cálidos rayos del sol en su cabello dorado. Se sentó y los vio en su regazo.

—Los juntaré en mi vestido —se dijo—, y los llevaré a la habitación de la abuela.

Se levantó de un brinco y entró a la casa a la carrera.

—¡Mira, abuela, mira! Aquí te traigo rayos de sol —exclamó.

Abrió el vestido, pero no había ningún rayo a la vista.

—No te preocupes mi querida nietecita

—Se asoman por tus ojos, mi niña —dijo la abuela—, y brillan en tu cabello brillante y dorado. No necesito el sol cuando te tengo conmigo.

Elsa no entendía cómo el sol podía asomar por sus ojos, pero le alegró hacer feliz a su abuela.

Y desde entonces todas las mañanas jugaba en el jardín. Luego corría a la habitación de su abuela para llevarle el sol en los ojos y el cabello.

Las mujeres tenemos la capacidad de ver el mundo nuevo todos los días, y de llevar el sol dentro de nosotras, por eso la importancia de llevar a nuestras familias el optimismo de un mejor mañana y el positivismo del día a día.

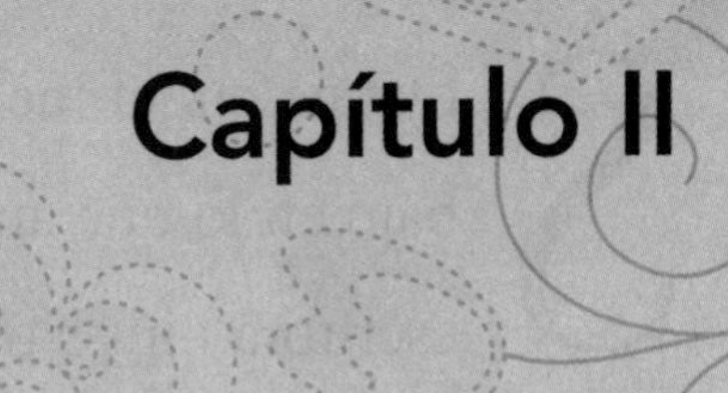

Capítulo II

Una mujer hecha en México

Soy una mujer mexicana afortunada, trabajo en lo que amo, mi actividad como escritora, investigadora, profesional y conferenciante internacional con temas sobre el lenguaje entre padres e hijos, desde hace más de 20 años, me ha permitido profundizar en diferentes aspectos de la comunicación familiar para proveer a sus miembros de diversas herramientas disciplinarias referentes a la educación familiar, apoyándola en la formación de sus hijos.

En este libro pretendo brindar útiles consejos para lograr el equilibrio en la vida profesional y familiar de la mujer, proporcionaré alternativas positivas e instrumentos tanto pedagógicos como psicológicos para que las mujeres cuenten con elementos mínimos que las ayuden a adaptarse a la vida contemporánea sin remordimientos ni comparaciones con sus madres.

A través de la impartición de conferencias en empresas, en escuelas, instituciones públicas, privadas y hospitales, he tenido acercamientos con padres y educadores en Latinoamérica, para fomentar mejores prácticas de comunicación y alcanzar una mejor calidad de vida.

He tenido enormes satisfacciones al contar con la confianza de las familias que han asistido a las conferencias y/o comprado alguno de mis libros de la colección "El Método del Lenguaje del Cariño", y de quienes frecuentemente recibo mensajes de agradecimiento, debido a que han experimentado cambios favorables en sus hogares.

Nunca hablaré con presunción, sino con mi humilde agradecimiento, por las bendiciones constantes que recibo. Cuando empecé a dar conferencias, las personas me pedían libros, porque las palabras se las lleva el viento.

Yo necesitaba una manera de expresar lo que sentía, pensaba, creía, la vida me ha llenado de bendiciones y la única forma de agradecerle, era escribir desde mi corazón y de mi propia sabiduría para poder sembrar la semilla de la conciencia a las familias de lo importante de los pequeños detalles y de lo cotidiano.

Por lo anterior, en el 2004 decidí poner mi editorial. Yo tengo un lema: "El que arriesga gana". Hoy, varios años después, puedo decir que fue la mejor decisión de mi vida. El mundo empresarial es fascinante y lo mejor es poder decidir mi horario y mis vacaciones, porque para mí, mi familia es una de mis prioridades, poder pasar una tarde con mis hijos viendo una película o poder estar con ellos cuando se enferman, comer con mi esposo entre semana, me brinda la fortaleza y me llena de energía positiva para seguir luchando por unir familias.

Conocer de cerca a las familias me ha permitido profundizar en diversos aspectos relacionados con la comunicación familiar desde lo general a lo particular. Dependiendo de las diferentes conferencias que he tenido que exponer a todo tipo de público, he intentado incluir diversas herramientas disciplinarias referentes a la educación familiar y autoestima de la madre.

Las ponencias, todas la redes sociales en las que participo, mis intervenciones familiares en diferentes países de Latinoamérica en los programas de televisión han hecho que mis temas sean más reales y esto me gusta, porque así puedo entender lo que está viviendo la mujer del siglo XXI.

Yo pensaba en la realidad de la mujer mexicana, pero me doy cuenta que en Colombia, Venezuela, Argentina, Chile, las latinas que viven en Estados Unidos y Canadá, experimentan lo mismo y comulgamos con los mismos problemas, tal vez en algunos países los hombres son más flexibles que en otros, pero solo está en nosotras y en nuestra preparación salir avante de los problemas, solo así empezaremos a cambiar a las familias y llevarlas hacia un mundo menos desigual y más justo para todos.

Con la implementación de las nuevas estrategias de enseñanza, los niños de hoy conocen sus derechos, por lo cual a los padres se les dificulta lograr una educación familiar exitosa, ya que la disciplina de hoy es para los niños de hoy.

En mis conferencias comento que solo si tuviéramos videograbaciones de lo que fue nuestra vida, nuestros hijos podrían creer cómo se manejaba la educación de antaño. Muchas de las que estamos leyendo este libro fuimos niñas obedientes y siempre hacíamos lo que nos ordenaban.

Tuve la oportunidad de ir a un Taller de inteligencia emocional y vi que una gran mayoría comentaban que en su niñez eran maltratados o abandonados. Cuánto dolor pueden tener los adultos de hoy, que desgraciadamente se desquitan con los más débiles que son sus hijos.

Este libro no es para juzgar lo que haces o recordar tu niñez, es solo para despertar tu inconsciente y te des cuenta de lo que estás viviendo hoy en día, que en muchas ocasiones no te das cuenta.

En la licenciatura de Ciencias de Comunicación hice una investigación acerca de la importancia de la Comunicación entre madre e hijo para el óptimo desarrollo del bebé. En la Maestría de educación estudié la comunicación asertiva y la educación familiar en los niños de 6 a 12 años. Ahora, con esta obra, me he dado cuenta que no basta con transmitir herramientas de educación a las mujeres para evitar el maltrato hacia sus hijos, sino que primero la mujer tiene que sentirse productiva, puesto que la frustración hace que las mamás exploten.

En lo personal, ahora me interesa el trabajo directo con las mujeres, por eso mi preocupación como directora editorial y escritora ha sido la de ocuparme creando la colección llamada

"Mujeres hechas en México", con los siguientes títulos: *Amo ser mujer, El éxito también es para las mujeres, Por qué si soy tan buena me siento tan mal* y *Come, vive y sé feliz.*

Observo la carencia de la calidad educativa en las mujeres, por lo que propongo, a través de este libro, que las mujeres se conozcan, se preparen, se enteren de su historia para entender la vida actual y, por lo tanto, interactuar mejor.

Me encanta la frase de Sor Juana Inés de la Cruz que implica tanta sabiduría.

"No estudio por saber más, sino
por ignorar menos."

Dada lo trascendencia que tiene la mujer en la familia, afirmo que utilizando una comunicación asertiva entre padres, madres e hijos, las familias lograrán acercarse a ellos con un lenguaje eficaz y exitoso.

Día a día es más frecuente que las madres de familia busquen nuevos canales de comunicación para lograr relacionarse mejor con sus hijos, por ello propongo brindar alternativas fáciles de llevar a cabo en la vida diaria.

En general la comunicación entre madres e hijos es algo tan cotidiano que las mujeres no le dan la debida importancia, por lo que manejo diversas estrategias para mejorar las habilidades de escucha.

Hoy en día la comunicación no es efectiva debido al estrés, exceso de trabajo, número de hijos, la inserción de la mujer en el ámbito laboral, falta del esposo, mamás solas, lo que hace que los hijos queden abandonados o en manos de centros educativos, o abuelos que no les proporcionan la educación familiar necesaria.

El manejo de este problema requiere que las madres de familia identifiquen las diversas estrategias de educación familiar para comprender el comportamiento de sus hijos, brindándoles una mejor calidad educativa, pues así se evitará su rebeldía y, por ende, habrá una mejor armonía en el hogar y las mujeres podrán disfrutar más de su vida y su trabajo.

Vivimos en un mundo creciente rodeado por la tecnología, en el que madres e hijos no son la excepción para este universo tecnificado, es por ello que la comunicación familiar se ha convertido en un serio desafío, en donde todos los actores requieren mejorar la calidad en la educación del hogar.

Una de mis misiones en la vida, es sembrar la semilla de la conciencia en los padres de familia y educadores, tocando sus fibras más sensibles sobre la necesidad de fomentar la armonía a través del uso de un lenguaje eficaz para una comunicación positiva, previniendo con ello todo indicio de violencia, para mejorar la calidad de vida de las familias y la convivencia escolar, en beneficio de toda la sociedad.

Este libro promueve el acercamiento con padres y educadores para generar empatía y fomentar en nuestra sociedad un cambio cultural a favor de una comunicación abierta y eficiente en los hogares e instituciones educativas. Además, dado el peso que tiene la mujer en la familia, busco propiciar el trabajo directo con ella a través del compendio "Mujeres Hechas en México", que le brinda herramientas para lograr una superación personal.

Durante los 20 años como investigadora y conferenciante, he podido enriquecer mi experiencia en lenguaje y comunicación entre padres e hijos; sin embargo, mi preocupación primordial es contribuir a erradicar la violencia intrafamiliar, de la cual las principales víctimas son las mujeres y los niños, mediante diferentes disciplinas que permitan a educadores y padres fomentar una mejor calidad de vida, así como brindar apoyo a las mujeres, que mejoren sus habilidades para escuchar y puedan atender las necesidades de su familia.

Uno de mis libros más recientes es *El Bullying me lastima*, en el cual hago conciencia de que el acoso escolar, o el famoso bullying, no es una moda, sino que es algo que siempre ha existido. El grave problema es que con el avance de la tecnología, las redes sociales, la información corre a una velocidad impresionante, ahora en segundos se sabe de una noticia sea buena o mala, desgraciadamente muchos niños abandonados por sus padres hacen uso de su tiempo en perjuicio de los compañeros. Paremos antenas y unámonos como sociedad para erradicar este violento problema.

Las mujeres debemos hacer conciencia de los cambios culturales por los que hemos atravesado a lo largo de la historia; pues no basta con transmitirles herramientas de educación para evitar el maltrato hacia sus hijos, ya que la frustración puede convertirse en un detonador que propicie la ofensa en el seno familiar.

Mi propuesta es que las mujeres se conozcan, se preparen para interactuar de mejor manera, acercarse a sus hijos de forma efectiva y mejorar su calidad de vida.

Sé que son tiempos difíciles, que las mujeres están durmiendo muy poco y sus jornadas de trabajo son muy largas, y lo peor: que cuando llegan a su casa, en lugar de descansar siguen trabajando.

Beristaín afirma en su libro *La conquista de la feminidad*: "Ojala algún día las mujeres pudieran decir: mi vida ha tenido un sentido, todo lo que puede esperar un ser humano y mucho más. He amado y he sido amada, he conocido el dolor y la tristeza, pero también la felicidad mucho mayor de lo que soñé cuando era niña."

La dedicatoria de mi libro *Amo ser mujer* dice así: "Para la mujer del siglo XXI, esperando que pronto se calmen los mares para poder conseguir un equilibrio familiar y profesional y vivamos más felices y sin culpas."

Eso deseo de todo corazón para todas las mujeres.

La mesa de la abuela

Había una débil anciana cuyo esposo había fallecido dejándola sola, así que vivía con su hijo, su nuera y su nieta. Día tras día la vista de la anciana se enturbiaba y su oído empeoraba, y a veces, durante las comidas, las manos le temblaban tanto que se le caía la comida de la cuchara y la sopa del tazón. El hijo y su esposa se molestaban al verla volcar comida en la mesa, y un día, cuando la anciana volcó un vaso de leche, decidieron terminar con esa situación.

Le instalaron una mesita en el rincón cercano al armario de las escobas y hacían comer a la anciana ahí. Ella se sentaba a solas, mirando a los demás con los ojos enturbiados por las lágrimas. A veces le hablaban mientras comían, pero habitualmente era para regañarla por haber hecho caer un cuenco o un tenedor.

Una noche, antes de la cena, la pequeña jugaba en el suelo con sus bloques, y el padre le preguntó qué estaba construyendo.

—Estoy construyendo una mesita para mamá y para ti —dijo ella sonriendo—, para que puedan comer a solas en el rincón cuando yo sea mayor.

Sus padres la miraron sorprendidos un instante, y de pronto rompieron a llorar. Esa noche devolvieron a la anciana a su sitio en la mesa grande. Desde entonces ella comió con el resto de la familia, y su hijo y su nuera dejaron de enfadarse cuando volcaba algo de vez en cuando.

En la forma que tratamos a nuestros mayores está el ejemplo de cómo esperamos que nos traten nuestros hijos en la vejez.

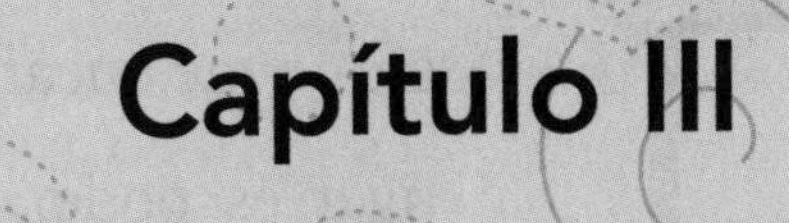

Capítulo III

La familia en el Siglo XXI

Lo que me encanta de estudiar e investigar es poder brindar a las mujeres temas de actualidad, creo que vale la pena porque entre más preparada estés, mejores propuestas la mujer puede brindar.

La mujer también ha cumplido diversas funciones: educativas, sociales, afectivas. Para las sociedades primitivas era fundamental formar una familia para sobrevivir, de hecho la relación conyugal no se basaba en el amor sino en una trato entre familias, y no entre la pareja misma, como se hace en la actualidad.

Desgraciadamente, en el siglo XIX las mujeres buscaban casarse por salirse de su casa más que por estar enamoradas, buscar independencia, tener una sexualidad fácil, prever y tener una seguridad para su vejez. Lo grave de este problema es que pasaban del yugo del padre al yugo del marido.

El sexo femenino era considerado para procrear, cuidar tanto a sus hijos como a los ancianos. Las mujeres tenían como único proyecto de vida encontrar un buen esposo, casarse, tener una casa e hijos. En aquel entonces las madres, estaban conscientes que esa era su única misión en la vida, y para esa época estaba bien.

En el siglo XX la mujer marca un gran paso hacia el progreso, la educación, en los años cincuenta empieza a votar, pero desgraciadamente después de los años 60 empieza a haber muchos rompimientos matrimoniales.

Simone de Beauvoir llegó a la conclusión de que todas las mujeres, incluso las más privilegiadas, estaban oprimidas por las actitudes que su cultura y su sociedad tenían con respecto a las mujeres en general. En su famosa obra, *El segundo sexo*, Simone de Beauvoir analizó de forma crítica la cultura occidental, a la que consideraba machista y opresora para las mujeres.

Rechazando la idea de la inferioridad biológica femenina, argumentaba que "las mujeres no nacen, sino que se hacen", que les hace verse a sí mismas como seres inferiores y secundarios. "Lo que caracteriza especialmente la situación de la mujer es que ella, un ser libre y autónomo como todas las criaturas humanas, se encuentra, no obstante, en un mundo donde los hombres la obligan a asumir el estatus de Otro". La creciente conciencia feminista de De Beauvoir sobre los límites impuestos a las vidas de incluso las mujeres europeas más privilegiadas pone en evidencia la otra cara del periodo de entreguerras: la reafirmación de los valores y de los límites tradicionales sobre la vida de las mujeres.

El modelo tradicional comienza a desaparecer, anteriormente el hombre era el único proveedor y la mujer estaba dedicada única y solamente al hogar; esto provoca un sentimiento de liberación pero, por otro lado, las relaciones familiares comienzan a complicarse.

En el siglo XXI la prioridad de las mujeres ha cambiado considerablemente, tanto que se ha ido al extremo. Hace unos años era extraño escuchar que una mujer no quisiera tener hijos, ahora es cada vez más común. Ahora las parejas se hacen preguntas que antes eran impensables, hoy en día se tienen que especificar si quieres tener hijos o no. Antes preguntabas: ¿Cuándo vamos a tener hijos y cuántos?

Ahora las mujeres pueden decidir tener hijos sin padre, a través de la inseminación o la adopción.

Seguramente hace 60 años las mujeres elegían cuando se casaba por los días de ovulación, ya que el tener hijos era consecuencia natural del matrimonio, de hecho se asustaban de no embarazarse en la luna de miel. Poder planear cuándo tener hijos es un aspecto positivo, ya que implica mayor libertad, responsabilidad y autonomía; pero por otro lado puede ser negativo porque las mujeres lo están pensando tanto que en ocasiones declinan ser madres.

En la actualidad las parejas, cuando se casan, piensan que si no resulta el matrimonio, es mejor que se separen, en ocasiones no tienen inversiones en conjunto porque pueden arriesgar su capital, ahora existen los contratos prenupciales.

En una investigación, los sociólogos encontraron que los cónyuges que antes de casarse habían vivido juntos tenían un riesgo de separación de más del 50 % mayor que los que se casaban sin cohabitación previa. En los dos casos existe una ética individualista. El matrimonio es la unión de dos personas que desean conservar su independencia. Antes se pensaba encontrar la media naranja para sentirse en plenitud, ya que la vida de ambos dependía de la cooperación de los dos individuos, desgraciadamente todo lo anterior ha fracasado y ahora nos encontramos con dos individualidades autosuficientes que quieren convivir, pero con qué motivo si ya son autosuficientes.

El ser humano desea libertad, unión, trabajo, autonomía, amor, independencia, pero al mismo tiempo desea tener una pareja, una vida íntima, una familia, convivir, procrear, buscar su autoestima, pero desgraciadamente termina en el narcisismo sin saber cómo puede acomodar todos sus deseos y sus necesidades al mundo actual.

Existen dos propuestas: uno es el modelo de familia y el otro un modelo de pareja. En la antigüedad se pensaba que los niños unían a la pareja, hoy en día puede suceder lo contrario, ya que los hijos pueden separarla. El buen funcionamiento de una familia depende del buen funcionamiento de la pareja, pero lo contrario no es verdad.

Las culturas orientales piensan que las occidentales creen que la familia, el grupo, la comunidad, está muy por encima de los individuos. Lo importante es que la familia debe estar arriba del ser humano.

Los ocho métodos para tender puentes entre la individualidad y la convivencia satisfactoria son:

- La buena educación: Brindar lo mejor de cada individuo.
- El respeto a la individualidad del otro: El respeto al derecho ajeno es la paz.
- La empatía: Ponerse en los zapatos del otro para sentir lo que está viviendo.
- La capacidad de cooperar en metas comunes: La convivencia y el compartir.
- La búsqueda compartida de sentimientos agradables y positivos: Un ámbito armonioso y cálido.

- Una ética de lealtad: Basada en la confianza.
- La capacidad para valorar lo bueno que se tiene: Disfrutar el hoy y dejar de pensar en los bienes materiales.
- La inteligencia necesaria para aprovechar los recursos que proporciona el amor.

Como afirma Marina Castañeda: La solución de los problemas de la familia está en reivindicar el cuidado, el sentimiento, la actitud, el deseo de cuidar, la atención, el estar pendiente como sentimiento básico, necesario y compartido… Lo que necesitamos es maternalizar al mundo. Se trata de que cada persona adopte esta actitud de cuidado hacia la otra persona. De esta forma se formarán mejores parejas, familias más unidas y sociedades más cuidadas.

La pareja silenciosa

Había un joven que tenía fama de ser el individuo más terco de la ciudad, y una mujer que tenía fama de ser la más testaruda, e inevitablemente terminaron por enamorarse y casarse. Después de la boda, celebraron en su nuevo hogar y gran festín que duró todo el día.

Al fin los amigos y parientes no pudieron comer más, y uno por uno se marcharon. Los novios cayeron agotados, y estaban preparándose para quitarse los zapatos y descansar, cuando el marido notó que el último invitado se había olvidado de cerrar la puerta al marcharse.

—Querida —dijo—, ¿te molestaría levantarte para cerrar la puerta? Entra una corriente de aire.

—¿Por qué debo cerrarla yo? —bostezó la esposa—. Estuve de pie todo el día, y acabo de sentarme. Ciérrala tú.

—¡Con que sí! —rezongó el esposo—. En cuanto tienes la sortija en el dedo, te conviertes en una holgazana.

—¿Cómo te atreves? —gritó la novia—. No hace un día que estamos casados y ya me insultas y me tratas con prepotencia. ¡Debí saber que serías uno de esos maridos!

—Vaya —gruñó el esposo—. ¿Debo escuchar tus quejas eternamente?

—¿Y yo debo escuchar eternamente tus protestas y reproches?

Se miraron con mal ceño durante cinco minutos. Luego la novia tuvo una idea.

—Querido —dijo—, ninguno de los dos quiere cerrar la puerta, y ambos estamos cansados de oír la voz del otro. Así que propongo una competencia. El que hable primero debe levantarse a cerrar la puerta.

—Es la mejor idea que he oído en todo el día —respondió el esposo—. Comencemos ahora.

Se pusieron cómodos, cada cual en una silla, y se sentaron frente a frente sin decir una palabra.

Así habían pasado dos horas cuando un par de ladrones pasó por la calle con un carro. Vieron la puerta abierta y entraron en la casa, donde no parecía haber nadie, y se pusieron a robar todo aquello de que podían echar mano. Tomaron mesas y sillas, descolgaron cuadros de las paredes, incluso enrollaron alfombras. Pero los recién casados no hablaban ni se movían.

No puedo creerlo —pensó el esposo—. Se llevarán todo lo que poseemos y ella no dice una sola palabra.

¿Por qué no pide ayuda? —se preguntó la esposa—. ¿Piensa quedarse sentado mientras nos roban a su antojo?

Al fin, los ladrones repararon en esa callada e inmóvil pareja y, tomando a los recién casados por figuras de cera, los despojaron de sus joyas, relojes y billeteras. Pero ninguno de los dos dijo una palabra.

Los ladrones se fueron con su botín, y los recién casados permanecieron sentados toda la noche. Al amanecer, un policía pasó por la calle y, viendo la puerta abierta, se asomó para ver si todo estaba bien. Pero no pudo obtener una respuesta de la pareja silenciosa.

—¡A ver! —rugió—. ¡Soy un agente de la ley! ¿Quiénes son ustedes? ¿Esta casa les pertenece? ¿Qué sucedió con todos los muebles?

Y al no obtener respuesta, se dispuso a golpear al hombre en la oreja.

—¡No se atreva! —gritó la esposa, poniéndose de pie—. Es mi marido, y si usted le pone un dedo encima, tendrá que responder ante mí.

—¡Gané! —gritó el esposo, batiendo las palmas—. ¡Ahora ve a cerrar la puerta!

No suele ser raro que alguien venza su testarudez o alguno de sus defectos, y en lugar de agradecer su acto de amor, vemos la oportunidad de aprovechar su momento de debilidad.

Capítulo IV

La familia

Hoy y siempre hablaré sobre lo trascendental que es la familia dentro de una sociedad, desgraciadamente las personas no le están dando la debida importancia, pero hago un llamado a todas las mujeres para que se den cuenta de lo fundamental de fortalecerla.

Siempre ha sido y será la célula básica de la sociedad, ha evolucionado y se ha adaptado a los nuevos tiempos. La familia es vital para una sociedad y para el ser humano, ya que es una economía de recursos y una fuente de placer o todo lo contrario. También es una forma sabia de ordenar la conducta de los integrantes.

La familia tiene tanto aprecio y valor dentro de la sociedad, que es considerada como una institución con la capacidad de integrar la sexualidad, la reproducción, los comportamientos básicos, la educación, las expresiones de afecto, la relación entre generaciones.

La familia se encarga de educar a los niños. Educar quiere decir comportarse en sociedad, es sacar lo mejor de una persona como el escultor hace de una piedra formando una bella escultura. Los verdaderos valores humanos y sociales se aprenden en el hogar, la familia, los padres, hermanos y abuelos. Se aprenden día a día, minuto a minuto. Los hijos son el reflejo de las cualidades y de los errores, sin darse cuenta los niños imitan a los padres. La familia ordena la reproducción: para la sociedad es fundamental saber que el niño es de alguien, también es importante introducir en lo más profundo de los padres el sentimiento de propiedad de sus hijos.

La familia regula y canaliza los afectos y los sentimientos: En la familia las personas se comportan tal y como son, en este espacio es cuando los seres humanos expresan sus sentimientos íntimos con autentica pureza.

La familia ordena las relaciones entre generaciones, ya son una pieza clave dentro de la sociedad, hoy en día los jóvenes empujan a los viejos, teniendo como resultado el conflicto generacional, por eso el ser humano en lugar de envejecer debe crecer.

Los cambios vertiginosos que ha sufrido la familia han modificado una parte esencial del modelo familiar. De forma muy resumida menciono cuatro factores y sus procesos:

- **El control de la reproducción**: Por primera vez en la historia el ser humano puede controlar la reproducción, puede decidir tener o no tener hijos, utilizando métodos anticonceptivos. Lógicamente esto ha disminuido considerablemente el número de hijos por familia. Hemos pasado de una familia nuclear de muchos hijos a mucho menos. Los anticonceptivos han sido providenciales para el cambio radical de un modelo familiar a otro.

Por esto último es inconcebible observar mujeres que se embarazan sin planearlo, habiendo muchos métodos de control y estando en pleno siglo XXI.

- **El acceso de la mujer al mercado de trabajo**: La emancipación de la mujer ha logrado de estar en segunda fila a estar en el mismo nivel que el hombre. En la actualidad, todavía existe cantidad de casos de desigualdad entre hombres y mujeres, violencia contra las esposas. La brecha generacional entre la mujer de ahora en comparación con la de ayer es abismal.

Un punto positivo es la forma que la mujer ha intentado equilibrar por un lado la vida familiar y por otro la vida laboral. Poco a poco el hombre está integrándose en las labores del hogar, ya que antes era totalmente el proveedor, le cuesta mucho trabajo ya que piensa que sólo debe echar una mano y la realidad es que no, porque en muchas parejas, la mujer está trabajando tanto como el hombre, pero desgraciadamente la repartición de los trabajos domésticos todavía no es equitativa en el hogar.

Los abuelos están jugando un papel crucial, ahora las diversas generaciones se están solidarizando, ahora surge un refuerzo en la tercera generación, la de los abuelos, muchos de ellos jubilados deseosos de sentirse productivos, necesitados de ser escuchados, y sus nietos ávidos de escuchar. Hoy en día esta unión cotidiana entre dos generaciones tan distanciadas por los años será de gran enriquecimiento para la unión familiar. Hace un tiempo escribí un libro que se llama *Mujeres y hombres en Edad Diamante: Comunicación de hijos a padres*, te lo recomiendo para poder entender a la generación a partir de los 75 años.

- **Mejor educación**: Es impresionante cómo la preparación educacional de las mujeres en comparación con la de los hombres casi es igual, lo que a principios del siglo XX era algo impensable. Esta constante mejora educativa del sexo femenino es una de las principales bases de la igualdad entre los sexos. Las mujeres deben estar conscientes de que su preparación es la punta de lanza para lograr las mismas oportunidades que los varones, integrándose en el mundo laboral de una forma competitiva más no agresiva, porque los seres humanos necesitan de ambos para crecer como sociedad.

En la antigüedad, la función de las mujeres era de la procreación, pasaba del cuidado de su padre al cuidado del marido por el resto de sus días, su destino era el matrimonio y llevar a cabo trabajo no remunerado.

Apenas es el comienzo de grandes transformaciones dentro de la vida femenina, las familias deben de ajustarse a los cambios, pero en especial la mujeres tienen que estar preparadas tanto física (para que no esté tan agotada), emocional (saber manejar la culpa) y profesionalmente (implica un nivel educacional cada vez más elevado). Otros cambio en los que se tienen que adaptar, es que la mujer va a estar varias horas fuera de casa, tanto en viajes como en compromisos laborales, es indispensable hacerse compatible con la crianza de los hijos, que no es una tarea nada fácil.

Ahora sólo falta hacer entender a los empleadores, de la nueva época que las mujeres necesitan de nuevos horarios para no dejar a sus hijos abandonados a su suerte, no pueden seguir ofreciendo horarios de hombre para hombres libres de cargas familiares.

Mi máximo sería formar una empresa en donde las mujeres trabajaran sólo de 9 a 2 para que en la tarde pudieran estar con sus hijos. Me acabo de enterar del caso de una contadora con muchísimas ganas de trabajar, pero le ofrecían un horario de 9 a 6, con media hora de comida, con lo cual era imposible ir a su casa a darles de comer a su bebé de 7 meses y a su hija de 4; tenía tanta culpa de dejarlo y la logística de llevar a la guardería a uno y al kínder a la otra que mejor decidió quedarse en su casa. A Dios gracias no necesitaba tanto el trabajo, pero si cualquier mujer se llegara a divorciar, tendría que buscar alguna fuente de trabajo con esos pésimos horarios.

Otro caso de una viuda que tenía que dejar totalmente solos a sus hijos de 8 y 10 años de 9 a 1, porque estudiaban en la tarde y ella trabajaba todo el día. Yo me pregunto: ¿Cuántos de estos casos a diario podríamos escuchar?

- **La igualdad**: Si hablamos de paridad entre sexos, también debe existir en la relación entre padres e hijos. Los progenitores tienen que saber cómo educar a los hijos y no los hijos manejar a los padres, ya que temen ser autoritarios y en lugar de ser los que dirigen a sus hijos, se vuelven benevolentes en su educación, ya que no quieren educar como lo hicieron con ellos. Los padres deben estar conscientes que no pueden ser los amigos de sus hijos, porque si no se convertirán en huérfanos. Por otro lado, en las escuelas también existe la falta de autoridad, está sucediendo también en las aulas escolares entre profesor y alumno.

Yo creo que también existe acoso escolar contra maestros, hay demasiada agresividad en todos los ámbitos y tenemos que parar, si no en el futuro no lo podremos contener sino ponemos un verdadero alto.

Una de las características de la familia moderna es el divorcio, ya que la mujer no depende tanto económica del hombre. El divorcio es un signo de libertad. No significa que las familias de antes fuesen más felices, sino que ocultaban muchas cosas y las mujeres no se atrevían a divorciarse porque en aquellos tiempos eran severamente juzgadas.

Quiero resaltar lo que afirma Ricardo Montoro: "Quizá sea este terreno de la compatibilidad entre la vida familiar y la vida laboral donde se libra, hoy día, uno de los combates claves para la afirmación familiar".

Lo más complicado de todo lo anterior es cambiar la mentalidad tanto de hombres como de mujeres, debido a las variaciones tan trascendentales que está sufriendo la humanidad. Los varones difícilmente van a dejar que las mujeres vayan ocupando los oficios que antes eran exclusivos de los hombres y por otro lado el sexo femenino tiende a infravalorarse, motivada por la falta de patrones de imitación, ya que seguramente la gran mayoría de las madres de las mujeres que hoy trabajan, estaban dedicadas al hogar o a trabajos no remunerados. Las nuevas generaciones de hombres, hijos de las mujeres que hoy están laborando, están conociendo el nuevo prototipo de mujer que intenta abrirse camino en el mundo laboral, tarea complicada pero envuelta en muchos retos que seguramente el sexo femenino va a sobrepasar.

Yo valgo mucho

En una breve conversación, un hombre le hace a una mujer la siguiente pregunta:

—¿Qué tipo de hombre estás buscando?

Ella se quedó un momento callada antes de verlo a los ojos y le preguntó:

—¿En verdad quieres saber?

Él respondió:

— ¡Sí!

Ella empezó a decir:

—Siendo mujer de esta época, estoy en una posición de pedirle a un hombre lo que yo no podría hacer sola. Tengo un trabajo y yo pago todas mis facturas. Yo me encargo de mi casa sin la ayuda de un hombre, porque soy económicamente independiente y responsable de mi administración financiera. Mi rol ya no es el de ser ama de casa dependiente de un hombre en ese sentido. Yo estoy en la posición de preguntar a cualquier hombre, ¿qué es lo que tú puedes aportar a mi vida?

El hombre se le quedó mirando. Claramente pensó que ella se estaba refiriendo al dinero. Ella sabiendo lo que él estaba pensando, dijo:

—No me estoy refiriendo al dinero. Yo necesito algo más. Yo necesito un hombre que luche por la perfección en todos los aspectos de la vida.

Él cruzó los brazos, se recargó sobre la silla y, mirándola, le pidió que le explicara.

Ella dijo:

—Yo busco a alguien que luche por la perfección mental, porque necesito con quién conversar, no necesito a alguien mentalmente simple. Yo estoy buscando a alguien que luche por la perfección espiritual, porque necesito con quien compartir mi fe en Dios. Yo necesito un hombre que luche por la perfección financiera porque, aunque no necesito ayuda financiera, necesito a alguien con quien coordinar el dinero que entre en nuestras vidas. Yo necesito un hombre que luche por su individualidad, que tenga la libertad para salir a volar y regresar responsablemente a su nido, porque enriqueciéndose a sí mismo, tendrá algo maravilloso que regalarme cada día. Yo necesito un hombre lo suficientemente sensible para que comprenda por lo que yo paso en la vida como mujer, pero suficientemente fuerte para darme ánimos y no dejarme caer. Yo estoy buscando a alguien que yo pueda respetar. Partiendo del respeto que él mismo se gane con el trato, el amor y la admiración que me dé. Dios hizo a la mujer para ser la compañera del hombre. No para ser menos o más, si no para que juntos forjen una vida en donde la convivencia los lleve a la felicidad. Si existe un hombre así pues eso es lo que yo busco.

Cuando ella terminó de hablar lo miró a los ojos. Él se veía muy confundido y con interrogantes. Él le dijo:

—Estás pidiendo mucho.

Ella le contestó:

—Yo valgo mucho.

La joya más preciada de la creación es el ser humano, sin distinción de sexo. La mujer ha sido menos apreciada desde que se comió la manzana. Ahora es el momento de que recupere su valor y su esencia como PERSONA.

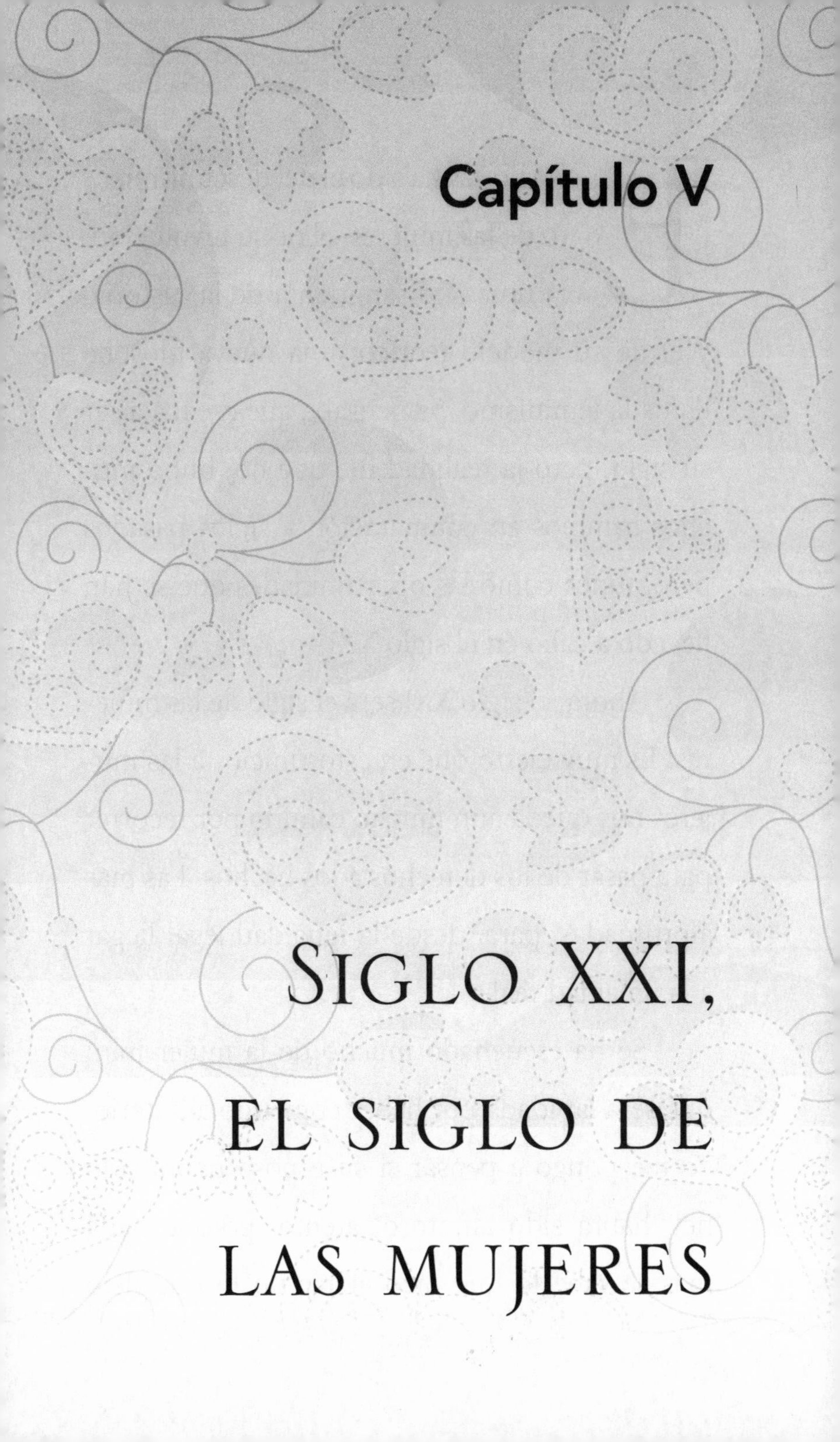

Capítulo V

Siglo XXI, el siglo de las mujeres

El siglo XX ha sido el del descubrimiento de las mujeres, el de su revolución, la única no sangrienta de la historia, y el de su modelo teórico: una nueva filosofía llamada feminismo. Se pensaba que ese iba a ser su siglo, pero la realidad fue que no, hubo muchos cambios en comparación a siglos pasados pero nunca como las oportunidades que se han llevado a cabo en el siglo XXI.

Ahora, el siglo XXI será el siglo de las mujeres. Es muy cierto que en estos inicios a las mujeres nos queda aún mucho camino por recorrer para pasar de los derechos a los hechos. Las más afortunadas, para, desde la igualdad legal llegar a la igualdad real.

Se ha escuchado mucho de la mujer iraní que será lapidada por haber cometido adulterio. Yo me pongo a pensar si su esposo habrá sido fiel, habrá sido amoroso, atento, porque nada más se sabe lo que hizo ella y no lo que dejó hacer él. Las mujeres de Occidente hemos progresado mucho más que las de Oriente. Cuando vemos películas de la realidad de las mujeres en otros países como India o Irán no podemos creer que esto suceda en pleno siglo XXI.

No es posible que el asesino de su esposo sólo permanezca en la cárcel. En cambio, a ella por ser mujer y haber cometido adulterio la van a matar a pedradas.

Asistí a la cumbre de las mujeres, en donde participaron mujeres de muy alto nivel, como la esposa del Presidente, brindaron propuestas muy interesantes, pero una alzó la mano y comentó que ojala en los años por venir ya no sea necesario hacer este tipo de reuniones, porque en un futuro la discriminación ya no debería de existir.

Yo he tratado poner mi granito de arena, preparándome cada día más para que cuando dé una conferencia, pueda brindar más herramientas a las mujeres, motivándolas para que estudien, ya que una de las claves del éxito de las mujeres para conseguir mejores trabajos y mejor remunerados es que se preparen, sé que es agotador pero entrar al mundo del estudio te brinda una nueva perspectiva de vida, tu mente empieza a trabajar más, te sientes contenta de aprender, es un ejemplo para la familia y un orgullo para ti misma, no pierdas la oportunidad de entrar a este universo de conocimiento.

Pensar que la primera doctora en México existió a finales del siglo XIX, no había tantas posibilidades de estudiar, los padres fomentaban que desarrollaran capacidades como las artes culinarias, el bordado, tejido; la idea era formar mujeres preparadas para ser un ama de hogar.

Es fundamental resaltar que no estoy en contra de las labores domésticas, pero es un trabajo de 365 días, 24 horas diarias, sin descanso. Yo tengo la fortuna de tener desde hace más de diez años a la nana de mi esposo, Shila, para que me cocine, y a Reynita, para que tenga mi casa bien limpiecita, así doy fuentes de trabajo a otras mujeres y eso me ayuda para poder hacer lo que más me gusta: escribir, dar conferencias, salir en programas de tele y radio, la verdad no es un trabajo porque no me cuesta trabajo; al contrario, me fascina.

En este mundo desde el que escribo, la feminización creciente de la pobreza se da la mano con la exigencia femenina de un trabajo mejor y una vida mejor. La lucha por el poder en la empresa o en la política corre pareja con la insatisfacción, denunciada más por las mujeres que por lo hombres, ante unas condiciones laborales insoportables. Sin duda son muchas más las mujeres que buscan un modelo de trabajo distinto o renuncian a él —y más las que han alcanzado puestos medios y altos, que son las que se lo pueden permitir—, ante la imposibilidad de conciliar su vida profesional y familiar. Esto no quiere decir que las mujeres sean menos competitivas y, mucho menos, que estén peor calificadas; sencillamente, es posible que, gracias a una educación y socialización distintas, la vida privada y la afectividad sean más importantes en su escala de valores. Además y, desde luego, el "techo de cristal" existe, duro y resistente, en todo el mundo: por cada diez altos ejecutivos de empresas sólo hay una mujer directora.

En el medio de las conferencias, los altos ejecutivos buscan más hombres que mujeres y eso que son mejores pagados. Acabo de tomar un curso de negociación efectiva y algo que me llamó mucho la atención fue que uno no gana lo que se merece, sino que gana lo que negocia, y en ese sentido las mujeres debemos negociar más.

Y sin embargo, los últimos estudios sobre productividad recomiendan la promoción de las mujeres para la dirección empresarial. Parece que las habilidades "femeninas" son más rentables para los modernos sistemas productivos: trabajo en red, en grupo, solidario, abierto. El actual gobierno noruego obliga ya a que haya por lo menos dos mujeres en todos los consejos de dirección, y aquí mismo, tanto como en España, la Comisión Nacional del Mercado de Valores recomienda más mujeres en los consejos de administración.

Pero sí se vislumbra alguna esperanza en el mundo empresarial. Donde realmente este siglo parece estar dando paso a las mujeres es en el mundo, tan cerrada y tradicionalmente masculino, de la política. Y ha sido así no sólo en los países del norte de Europa, sino en uno tan reputadamente machista como el nuestro, donde por primera vez en la historia hay casi tantas mujeres como hombres en el gobierno.

Al terminar el primer lustro de este siglo, había en el mundo cinco mujeres presidentas de sus respectivos países: Irlanda, Letonia, Finlandia, Filipinas y Sri Lanka; y cuatro primeras ministras: Angela Merkel, recién elegida canciller de Alemania, Helen Elizabeth Clark en Nueva Zelanda, Khaleda Zia en Bangladesh, y Luisa Diogo en Mozambique. Europa, Oceanía, Asia y África, faltaba América, Kim Campbell en Canadá, Michelle Bachelet en Chile, Dilma Rousseff en Brasil, Laura Chinchilla en Costa Rica. Ellen Johnson Sirleaf de Liberia. Ojalá en nuestro país pronto tuviéramos una mujer presidenta y otro gallo cantaría para el bienestar de las familias.

Han llegado a los más altos niveles de poder político mujeres en Europa, en Asia, en África, en América y en Oceanía. Si pensamos que más del 50% de los seres humanos son mujeres, estas cifras deberían inspirarnos una meditabunda tristeza. No es así, las mujeres estamos de celebración. Los recientes triunfos electorales de Angela Merkel, Michelle Bachelet, Ellen Jonson Sirleaf y Tarja Halonen, recién reelegida presidenta de

Finlandia tras un mandato de seis años, nos llenan de orgullo y de esperanza. Seguramente en los próximos años veremos cada vez la presencia de mujeres en las esferas más altas de poder. Estamos aún muy lejos de "la mitad de la tierra, la mitad del cielo, la mitad del poder"; pero, sin duda, algo se está moviendo y, tal vez, de forma ya imparable.

Y la alegría que sentimos no es sólo porque ellas son mujeres, que también claro, sino porque las biografías de esas señoras que acaban de llegar al poder nos muestran unos perfiles, unas trayectorias, unos empeños y unos proyectos que auguran formas de hacer política más cercanas a las preocupaciones reales de ciudadanas y ciudadanos, más solidarias, más comprometidas con los derechos sociales y con la paz en el mundo. Es cierto que el solo hecho de ser mujer no basta para crear estas tan optimistas expectativas, pero sí es muy cierto, todavía, el célebre dicho de que una mujer tiene que hacer el doble de méritos que un hombre para que le sea reconocida la mitad. Esto es ya una garantía.

Pero es que, además, estas cuatro mujeres que estrenan poder no son en absoluto convencionales de la política. No todas comparten ideología pero sí el haber luchado y sufrido por sus ideales.

Además de dos cromosomas X, todas estas mujeres tienen muchas cosas en común. Desde muy jóvenes se interesaron por las cuestiones públicas. Pasaron primero por el tamiz de los cargos para mujeres: salud o asuntos sociales, tal vez considerados por los hombres de sus partidos asuntos menores, pero no para las mujeres, que hacen política precisamente con el propósito de que los ciudadanos tengan una vida mejor y sean más felices. Todas ellas trabajaron tan bien que pasaron a ocupar ministerios de los duros, "de hombres": Exteriores, Justicia, Defensa, Finanzas... Todas son luchadoras, pero pacifistas. Todas son firmes, pero negociadoras. Todas son seguras, pero cálidas. Estas cuatro mujeres son representantes de las nuevas mujeres del siglo XXI y son necesarias para trabajar en este mundo convulso, lleno de fanatismos.

Ellas son ejemplos para todas las mujeres, ejemplos de que somos tan capaces como los hombres. Y no sólo en la política. En todas las áreas de actividad en el mundo, las mujeres estamos consiguiendo ser escuchadas y admiradas por nuestros talentos y nuestras cualidades. Y esa es una de las razones principales que me llevaron a escribir este libro. Durante mucho tiempo nos elogiaron por nuestras actitudes de obediencia y sumisión, pero eso sólo hizo que dudáramos de nuestras capacidades. No es cierto que ***calladitas nos vemos más bonitas***. Si realizamos todo nuestro potencial no dejaremos de ser mujeres, no dejaremos de ser bonitas, pero además nos convertiremos en seres humanos más plenos y realizados.

Mi objetivo con este libro es despertar la conciencia de que las mujeres podemos hacer muchas cosas, en ocasiones saliendo de nuestra zona de confort. Yo trabajo por y para la mujer; yo amo a los hombres, de hecho las personas más cercanas a mí son varones: mi esposo, con el que llevo más de 20 años de casada, mis dos hijos Fer y Rodrigo, mi padre y mis hermanos. Claro que en el primer lugar del lado de las mujeres está mi madre.

Me encantó recibir un mail de una mujer que fue a una conferencia que di en Tula, Hidalgo; me comentó que ella estaba de floja en su casa y cuando dije que debían buscar una pasión y trabajar en lo que más le guste, se inspiró y ahora ella es periodista y está feliz.

El marido que cuidó la casa

El marido era un hombre tan malhumorado que pensaba que su esposa nunca hacía nada en casa. Una noche regresó a casa quejándose porque la cena aún no estaba servida, el bebé estaba llorando y la vaca aún no estaba en el establo.

—Me deslomo trabajando todo el día —rezongó— y tú te quedas en la casa, que es lo más fácil, ojalá que para mí fuera así de sencillo. Yo sí serviría la cena a tiempo, te lo aseguro.

—Querido, no te enfades tanto —dijo su esposa—. Mañana cambiaremos nuestras tareas, yo iré a trabajar al campo y tú te quedarás a cuidar la casa.

Al esposo le pareció muy bien.

—Me vendrá bien un día de descanso —dijo—. Haré todas tus tareas en un par de horas y dormiré toda la tarde.

A la mañana siguiente la esposa se fue al campo y el esposo se quedó a hacer las labores de la casa.

Primero lavó ropa, luego se puso a preparar mantequilla, pero al poco tiempo recordó que debía colgar la ropa para secarla. Fue al patio, y acababa de colgar las camisas cuando vio que el cerdo entraba a la cocina. Corrió a la cocina para ahuyentar al cerdo y evitar que volcara el recipiente de la mantequilla, pero apenas entró se dio cuenta de que el cerdo ya lo había volcado y estaba gruñendo y lamiendo la crema, que se extendió por todo el suelo. El hombre se enfureció tanto que se olvidó de las camisas y corrió hacia el cerdo. Lo capturó pero el animal estaba tan embadurnado de mantequilla que se le resbaló de los brazos y atravesó la puerta. El hombre salió detrás de él pero se paró en seco al ver en el patio a la cabra, que estaba masticando y engullendo las camisas. El hombre ahuyentó a la cabra, encerró al cerdo y bajó las camisas que quedaban. Luego fue al depósito y descubrió que quedaba crema suficiente para batir mantequilla, pues la necesitaban para la cena. Cuando hubo batido un poco, recordó que la vaca todavía estaba encerrada en el establo, y no había comido ni bebido nada y ya era tarde.

Pensó que el pasto estaba muy lejos, así que decidió subir a la vaca al techo, pues estaba construido de grama, que es comestible para las vacas, y pensó en subirla por medio de un tablón ancho. Pero no podía dejar de batir porque el bebé gateaba por el suelo. "Si me voy, pensó, el bebé derramará la mantequilla." Así que se puso la mantequera en la espalda y salió con ella. Entonces pensó que convendría dar de beber a la vaca antes de subirla al techo, y cogió un cubo para extraer agua del pozo. Pero cuando se agachó, la crema se salió de la mantequera, le resbaló por los hombros y la espalda y se derramó en el pozo.

Se acercaba la hora de la cena y ni siquiera tenía preparada la mantequilla. En cuanto puso la vaca en el techo, pensó que le convendría hervir el potaje, así que llenó la cacerola de agua y la colgó sobre el fuego.

Después de hacer esto, pensó que la vaca podría caerse del techo y desnucarse, así que trepó al techo para atarla. Ató un extremo de la soga en el pescuezo de la vaca y metió el otro por la chimenea, luego regresó adentro y se sujetó el otro extremo de la soga a la cintura. Tuvo que darse prisa porque el agua estaba hirviendo en la cacerola y todavía tenía que moler la avena. Se puso a moler, pero mientras lo hacía la vaca se cayó del techo a pesar de todo y arrastró al pobre hombre por la chimenea. Allí se quedó atorado. En cuanto a la vaca, quedó colgando contra la pared, pues no podía subir ni bajar.

Mientras tanto, la esposa, que estaba en el campo, esperaba a que su esposo la llamara a comer. Al fin pensó que había esperado demasiado y regresó a casa. Al llegar vio a la vaca colgada, corrió arriba y cortó la soga, pero en cuanto lo hizo, su esposo cayó por la chimenea. Y cuando ella entró a la cocina, lo encontró de cabeza en la cacerola.

—Bienvenida —dijo él cuando ella lo rescató—. Debo decirte algo.

Y le dijo que lo lamentaba, y le dio un beso, y nunca más se quejó.

Espero que este cuento nos enseñe a respetar y apreciar el trabajo de la mujer, que por siglos, no sólo no ha sido valorado sino que ni siquiera es reconocido.

PRIMERO MUJER

Primero mujer. Cuídate, apapáchate, consiéntete, ámate.

Primero mujer. Haz actividades para ti y por ti, y tendrás la fortaleza para seguir adelante. Vivirás más completa y feliz.

Primero mujer. Evita preguntarte el por qué de los sucesos, concéntrate en el para qué, de esta forma aprendemos a ser más flexibles en la vida cotidiana.

Primero mujer. Focaliza tus sueños, piensa en un proyecto específico, así se hará realidad. No te venzas, el que persevera alcanza. Algún día lo lograrás.

Primero mujer. Pregúntate cuál es tu meta, confía en ti misma, cree en ti y en tu capacidad de realizar tus objetivos.

Primero mujer. Sé constante, no pierdas de vista tu meta. Pase lo que pase, sigue tu camino.

En ocasiones será difícil, se te cerrarán muchas puertas. No importa, otras se abrirán, aprovecha las oportunidades que te da la vida, no las dejes ir.

Primero mujer. El pensamiento positivo nos enseña a mirar todo lo bello que nos rodea, buscar lo bueno de cada cosa que nos sucede, nunca preguntarnos el por qué, sino el para qué de lo que nos pasa, para que de esta forma aprendamos a ser flexibles en la vida cotidiana.

Primero mujer. Confía en ti misma, sé tenaz en lo que te gusta. Persigue sin descanso tus sueños y ten la seguridad de que vas a conseguir todo lo que deseas. La combinación de confianza y tenacidad es un impulso que nadie ni nada puede detener.

Primero mujer. Dedica tiempo para ti, comienza hacer las cosas que te realicen como persona sin sentirte culpable. Pregunta a tu interior cinco cosas que te hagan **realmente** feliz.

Capítulo VI

Primero mujer

A lo largo de más de 20 años de experiencia me he dado cuenta que la mujer ha experimentado cambios a pasos agigantados, las generaciones de nuestras bisabuelas, abuelas y madres han sido otras, totalmente diferentes a las que estamos viviendo hoy en día.

Afirmo que el siglo XXI es el siglo de las mujeres y creo firmemente en la familia, en el matrimonio, en la maternidad, en la vida laboral. Como madre de dos varones me doy cuenta que *primero* debes ser mujer y después mamá. Muchos o muchas pensarán lo contrario, pero si no eres una mujer feliz nunca serás una madre feliz. Creo que uno de los errores en que está cayendo la mujer es que piensa primero en su familia y luego en ella misma.

Muchos pensaran que eso está bien, pero yo me pregunto por qué en los aviones recomiendan que primero la madre se ponga el oxígeno y después se lo ponga a su hijo. Eso es lo que está sucediendo, si la mujer no está bien de salud, si no se cuida, no tendrá ni el ánimo ni la energía para poder cuidar a los demás. Por eso, a continuación enlistaré algunos practiconsejos para que las mujeres sean más felices y, en consecuencia, puedan hacer felices a los hombres y construir familias armónicas.

Agradece en lugar de reclamar
Alienta en lugar de criticar
Anhela en lugar de llorar
Realiza en lugar imaginar
Ejecuta en lugar de pensar
Prepárate en lugar de soñar
Ocúpate en lugar de preocuparte
Observa en lugar de mirar
Vive en lugar de sobrevivir
Ama en lugar de querer
Vuela en lugar de caminar

Toda mujer tiene un talento, busca lo que te apasiona y no lo sueltes hasta que lo realices. ¡Anímate, tú puedes!

El granjero y sus hijos

Un granjero que estaba a punto de morir y deseaba comunicar a sus hijos un importante secreto, los llamó y les dijo:

—Hijos míos, moriré dentro de poco. Por lo tanto, deben saber que en mi viñedo hay un tesoro oculto. Si cavan lo encontrarán.

En cuanto el padre murió, los hijos empuñaron azada y rastrillo y removieron una y otra vez el terreno en busca del tesoro que supuestamente estaba ahí enterrado. No encontraron nada, pero las viñas, con la tierra tan removida, produjeron una cosecha como jamás se había visto antes.

Moraleja: *No hay tesoro sin esfuerzo.*

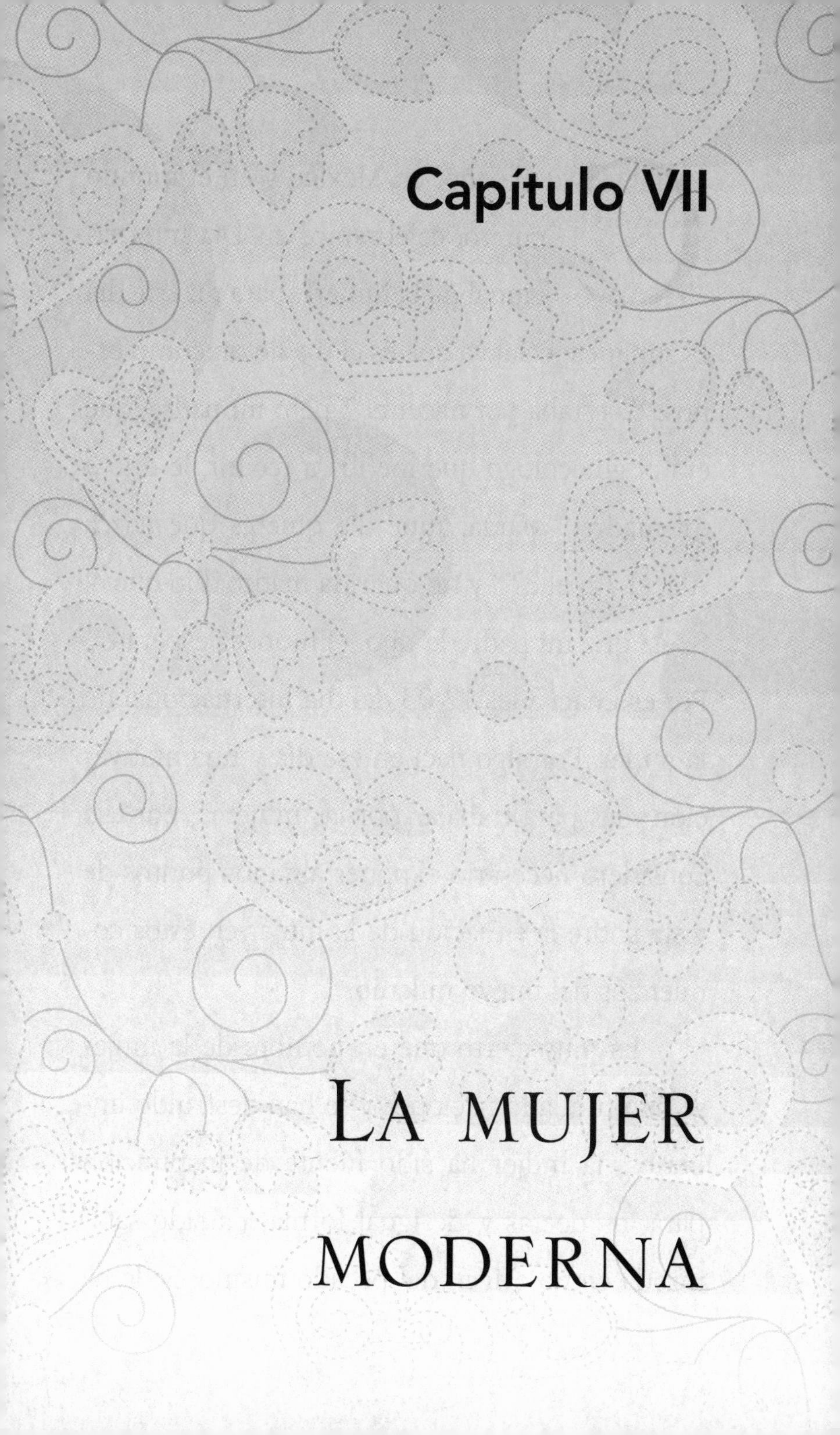

Capítulo VII

La mujer moderna

Cada año, en México y en el mundo entero, celebramos el "Día Internacional de la Mujer"; para mí este día es super especial ya que es el día de mi cumpleaños. Yo estaba por nacer el 7 pero mi padre, que era el ginecólogo que me iba a recibir, le dijo a mi madre: "Marga, ¿qué día quieres que nazca Ale, el 7 o el 8?", y mi querida madre dijo que el 8, así que mi padre le dijo: "Entonces espérate". Por eso nací a las 12:03 del día Internacional de la mujer. Por algo nací en ese día y una motivación más para trabajar por las mujeres, por eso considero necesario exponer algunos puntos de vista sobre la situación de la mujer en estos comienzos del nuevo milenio.

Es muy cierto que en nombre de la mujer se han fundado naciones y se han destruido imperios, la mujer ha sido fuente de inspiración para los poetas y, de igual forma, ha sido satanizada como origen del pecado mismo. Se le ha considerado el sexo débil, sin embargo, es sostén y fundamento del llamado sexo fuerte. Fue en el siglo pasado cuando comenzaron movimientos de reivindicación en los cuales, con justa razón, se exigía la igualdad de derechos entre los dos sexos y se logró demostrar que si bien las diferencias son claras, éstas no llegan por sí mismas a constituir superioridad, tan sólo diversidad.

No me interesa por el momento hacer un análisis de la actuación de la mujer a lo largo de la historia, simplemente un hecho notorio es que sin la participación del sexo femenino, la historia no existiría, no sólo por cuestiones obvias, sino también por su actuación política, social, económica, religiosa y cultural. Me interesa, por el contrario, esbozar una tesis, una idea que ayude a destruir el machismo, de tanto arraigo en nuestra patria.

La tesis es la siguiente: La mujer es un ser humano, por tanto es una persona y como tal debe ser tratada. La mujer no es un objeto, no es un útil capaz de producir placer o dolor, no es una figura decorativa que se encuentre detrás del macho, es una persona que goza de igual dignidad que el hombre y, por tanto, merece igual respeto y oportunidades. La mujer ha dejado de ser considerada como un objeto pasivo para convertirse en un sujeto que juega un papel activo de suma importancia en la sociedad actual. El machismo no es, según mi punto de vista, más que un complejo de inferioridad por parte de quien lo practica.

Sin embargo, en México sigue molestándonos esta situación; los hombres siguen considerando que la mujer debe estar en casa, cuidando a los niños, sin mezclarse para nada en los asuntos de los hombres, claro que la excepción confirma la regla. Para algunos hombres, es molesto que una mujer trabaje, que una mujer opine y, sobre todo, que una mujer llegue a destacar; es decir, se sigue considerando a la mujer como un objeto al servicio del hombre y no como un ser humano, como una persona.

Conviene señalar, por otra parte, que gran parte de la responsabilidad en el machismo mexicano la tiene la mujer misma. Por un lado subsiste una situación ancestral que impide en la mayoría de nosotros dar el salto hacia una nueva concepción de la existencia, somos un pueblo tradicionalista que se siente angustiado ante nuevos problemas que no sabe manejar: nos llega información sobre distintos modos de vida de países más industrializados que el nuestro y queremos copiar su cultura tal cual, sin tener en cuenta una serie de factores sociales y culturales que nos obligarían a enfocar el asunto desde nuestra propia perspectiva.

De igual forma, gracias a las exageraciones de los movimientos de liberación femenina, existe confusión por parte de la mujer misma en cuanto al papel que debe desempeñar en distintos momentos y circunstancias. Se llega así a confundir la igualdad y el respeto de la persona en cuanto tal, hombre o mujer, con una lucha estéril por el poder familiar, económico y social; de esta forma, el feminismo sustituye, o así lo desea, al machismo, siendo que ninguna de las dos posturas arroja resultados positivos para la humanidad.

La mujer tiene un papel en la actualidad tan importante como el del hombre y al igual que en otras esferas, la única forma en que puede esperarse algo positivo es a través de la cooperación y la solidaridad, y no por medio de una competencia absurda.

A lo largo de este libro mi principal propósito consiste en señalar, enaltecer y reforzar las cualidades intrínsecamente femeninas, que sí, es verdad, algunas de ellas son distintas de las que poseen los hombres, pero también son igualmente importantes y valiosas.

La mujer no debe sentirse importante sólo el Día Internacional de la Mujer, sino esforzarse por ser reconocida en su lucha de todos los días, pues ella es un elemento indispensable para el buen funcionamiento del mundo moderno.

La cometa que aprendió a volar

Una cometa veía a otras volar y se decía a sí misma: "Nunca podré hacerlo, si intentara volar me caería." "Inténtalo, le dijo otra cometa, inténtalo y ya verás." Pero la cometa pequeña se negaba por temor, así que la cometa grande movió la cabeza, se despidió y se elevó hacia el tranquilo cielo. La cometa pequeña sintió un escalofrío, pero temblando y todo, decidió echarse a volar. Al principio tenía mucho miedo y vacilaba, pero poco a poco fue ascendiendo a solas por el aire, hasta que la cometa grande pudo ver que la pequeña subía hacia ella.

¡Y cuánto orgullo sentía la pequeña al volar con la grande lado a lado! Allá abajo, entretanto, veía el suelo y niños que se movían como manchas. Se quedaron quietas en el aire alto, donde solo había pájaros y nubes. "Soy tan feliz, dijo la pequeña, lo intenté y pude hacerlo, en vez de echarme atrás".

Muchas virtudes de este mundo nacen de una sencilla palabra: "Intentar". Tratar de hacer algo por primera vez requiere de valentía. Pero intentarlo una y otra vez requiere de perseverancia, para no dejarse vencer nunca.

Capítulo VIII

¿QUÉ SIGNIFICA SER UNA MUJER MODERNA?

Ser una mujer moderna no es ser una esclava. Ser moderna es poder escoger qué retos, compromisos y situaciones estamos dispuestas a asumir, siempre por convicción y nunca, nunca más, por obligación.

En el siglo XXI la mujer debería tener todo a su favor. Tras años de lucha, hace ya varias décadas que se libró del encierro que suponía estar metida entre cuatro paredes y condenada a no poder ejercer otra profesión que no fuera la de esposa devota y ama de casa entregada.

A pesar de que aún queda mucho camino por recorrer en el plano de la igualdad de oportunidades, resulta gratificante ver cómo las mujeres acceden cada vez más a puestos de responsabilidad. Sin embargo, esta liberación, ha venido a poner en el tapete a una nueva mujer, con rasgos más masculinos en la toma de decisiones pero sin perder su naturaleza ni esencias femeninas.

De hecho las mujeres que trabajan tienen más testosterona que las que no laboran, igual pasa con sus hijas. Esta hormona propia del hombre es el motor de la agresividad y lucha.

Yo en particular durante toda mi vida he estado rodeada de hombres, seguramente la testosterona es una hormona que me ha acompañado a lo largo de mi vida tanto positiva como negativamente.

Estas son las características que hacen única a la mujer de hoy:

› Tenemos un doble rol

La mujer actual quiere seguir siendo mujer pero también pretende ser un hombre. En estos momentos las mujeres no se conforman con aceptar lo que les corresponde, es decir, los mismos derechos del hombre. Después de siglos de resignación lo quieren todo y van en búsqueda de protagonismo y poder.

La verdad no estoy en contra de que la mujer imite a los varones, nosotras no debemos perder nuestra esencia de mujer, las jóvenes de hoy se están yendo al extremo: no quieren ni casarse ni formar una familia, tampoco puede ser así, las chavas no se pueden ir hacia el otro lado.

Yo tengo dos varones, Fernando y Rodrigo, pero conozco a muchas niñas y más pienso que las nuevas generaciones de mujeres vienen desatadas. Sin embargo, es urgente que conozcan su historia y las transformaciones que hemos tenido, deben adaptar a los tiempos actuales, sabiendo nuestros antecedentes.

› Estamos agotadas

Una mujer que se despierta muy temprano, hace el desayuno, lunch, lleva a los niños al colegio, se va a trabajar, recoge a los hijos, les da de comer, regresa a trabajar, en la noche se suelta el cabello para poder estar un rato con el esposo, plancha, lava, cocina para el día siguiente. Hemos adquirido tantas labores fuera del hogar, más la que ya tenemos dentro de casa, que llega un momento que estamos exhaustas. Me quedé impactada cuando pregunté a varias mujeres en el Facebook acerca de cuántas horas dormían en una noche, y una gran mayoría contesto que 4 o 5, al analizar la información me di cuenta que el cansancio y la carga del doble trabajo estaba haciendo que las madres explotaran con mayor facilidad.

Un común denominador de las 10 familias que tuve la oportunidad de visitar en México, Colombia y Argentina, fue que las mujeres estaban agotadas, que tenían poca ayuda o nula en sus casas. Pocas invertían en apoyo en el hogar, una recomendación es brindar fuente de trabajo en nuestras casas y hacer que nos ayuden, así las mujeres ayudamos a mujeres.

Es imposible hacer todo, estar al 100% en la casa, en el trabajo, con los hijos, en cambio si nos apoyamos en las labores domésticas, como planchar, lavar, cocinar, limpiar; disminuiremos la carga de trabajo y podremos llegar a casa a disfrutar un poco más de la familia.

› Detrás de un gran hombre existe una gran mujer

El sexo femenino ya no se conforma en estár en segundo lugar, ahora las mujeres de hoy no quieren ser como sus madres, que hacían del hogar un apostolado permitiendo que sus maridos o parejas creyeran que eran ellos los que tomaban las decisiones y aceptando un papel secundario, y postergando indefinidamente sus propias ambiciones.

Muchas mujeres me comentan que en lugar de tener el apoyo de su madre para trabajar, ella es la primera que le dice que se salgan de trabajar para que estén con sus hijos. Lo malo es que no tenemos un patrón de copiado, ya que una gran mayoría de nuestras madres no tuvieron un trabajo remunerado porque todas trabajaron en sus casas, hace unas décadas las mujeres estudiaban comercio, muy pocas madres mayores de 60 años tenían la oportunidad de estudiar, por eso a nuestras madres les da mucho orgullo que estudiemos licenciatura, maestrías o doctorados. Porque recuerda: entre más preparadas estemos mejor oportunidades laborales tenderemos.

› ¿Casarme? No está todavía en mis planes

Hoy en día, posponen el matrimonio para más adelante, hasta casi perder la posibilidad natural de ser madres y aunque tengan después que someterse a tratamientos difíciles para quedar embarazadas. Quieren hacer carreras en sus empleos a la par del hombre, disfrutar de su libertad, de la independencia económica y del poder.

Hoy cada día hay más mujeres que prefieren no casarse ni tener familia, dedicándose enteramente a sus profesiones.

Este verano que me fui a Buenos Aires a grabar un programa para Discovery Home and Health tuve la oportunidad de ver a mi prima, que es 20 años menor que yo, se acababa de ir a estudiar un semestre de su carrera, no tenía ni novio, ni planes de boda; en cambio, yo a su edad ya tenía casi siete años de novia con mi actual esposo y estaba a punto de casarme.

Apenas en dos décadas ha cambiado radicalmente la mujer, su pensamiento más próximo ya no es el matrimonio, sino prepararse, claro que todavía muchas mujeres estudian MMC (mientras me caso), pero creo que un gran porcentaje su interés principal es estudiar.

Hoy por hoy tanto hombres como mujeres están teniendo las mismas posibilidades de estudiar, ahora sólo nos falta tener las mismas oportunidades para encontrar puestos ejecutivos.

En la cumbre de las mujeres que hace poco asistí, conocí a una mujer que era directora de finanzas de un grupo muy fuerte y me comentaba que muchas amigas la envidaban porque viajaba mucho, tenía muy buen puesto con muchos privilegios y gran sueldo, pero me comentaba que lo más duro era llegar a su casa en la noche y encontrarse totalmente a solas; otra me comentaba que de lunes a viernes tenía su vida hecha, pero experimentaba un gran terror a la soledad de los fines de semana.

He pensado muy seriamente en hacer un grupo de mujeres solteras aunque yo esté casada, para saber lo que está pasando y en qué puedo contribuir.

› A qué hora haces tanta cosa

No sé si les ha pasado a ustedes, pero muy seguido me pasa que tanto mujeres como hombres me dicen que a qué hora hago tantas cosas. Bueno, ahora pasan de las 11 de la noche, mi esposo ya se durmió y mis hijos también, ya no hay llamadas telefónica, distracciones, las palabras empiezan a surgir de mi corazón directo a la computadora. Cuando me llega la inspiración me puedo pasar horas trabajando por la noche, en la mañana es casi imposible escribir porque tengo citas, llamadas, juntas... Dirigir un grupo editorial es muy interesante pero hay muchos detalles que manejar. Aparte de acompañar a mis hijos a que se corten el cabello, al ortodontista, al doctor, a la endocrinóloga, al fútbol, ir al super, al banco, la logística que hace una madre dentro de su vida cotidiana es impresionante, seguramente muchas de las que están leyendo hacen eso y mucho más.

Lo decisivo es organizar muy bien el tiempo. También muchas personas me preguntan en cuánto tiempo escribo un libro y yo les digo que llevo más de 20 años trabajando e investigando sobre la familia, aprovecho lo que estoy estudiando para transmitirlo en mis libros, es uno de los placeres más grandes de mi vida. Cuando escribo un libro, me surgen ideas para otro y abro una carpeta para otro más. Mi trabajo es escribir y en eso enfoco casi toda mi energía.

› Mujeres de temer

La mujer de hoy se comporta de manera proactiva y pretende tomar la iniciativa en lo que se refiere a una relación de pareja. Seducen a un hombre; pero también se dan cuenta que ya no hay más hombres como los de antes, sino que ellos también han cambiado y nos aceptan cada vez más como sus iguales. Por otro lado los hombres están evadiendo el compromiso de casarse, este es un tema interesante, digno de un libro.

› Vivimos atrapadas por la sociedad

Pero esta modernidad ha traído consigo ciertas consecuencias negativas sobre la mujer. Ahora son presas de las arrugas y están constantemente a dieta. Sin tiempo para sí mismas ni para su pareja, se encuentran al borde del divorcio a los cinco años de casarse. Todo ello bajo la insoportable presión social de que no son nunca lo bastante delgadas, bellas, buenas madres o buenas esposas.

Hace unas décadas era muy raro que la mujer decidiera divorciarse, tenía que pasar un suceso totalmente justificable para hacerlo, ahora te enteras de personas muy cercanas que están separadas o están a punto del divorcio, yo entiendo que las mujeres de hoy no aguantan muchas cosas que las del pasado sí. Antes había casas chicas, ahora en las generaciones de la actualidad eso no se ve frecuentemente.

Lo malo de las parejas de hoy es que la tolerancia es casi nula, por cualquier diferencia se separan, ya no se lucha tanto por la pareja. Y los que sufren las consecuencias son los hijos.

› Exigimos más valoración

Debajo de esa fachada de autosuficiencia se oculta una persona temerosa, que quiere tener todo bajo control para sacar el mejor provecho de la vida, ser valorada, obtener reconocimiento, demostrar sus aptitudes, su inteligencia y su capacidad de perfección, pero que se equivoca al pensar que con eso ha conseguido todo.

Creo que no debemos pedir que los demás nos valoren, sino empezar a valorarnos a nosotros mismas, no nos tenemos que sentir bellas porque nos dicen que lo estamos.

Entra más nos queramos mejor proyectaremos nuestra imagen, hay mujeres que no son tan guapas pero se sienten tan bellas que hasta se ven muy bien. Primero quiérete y valórate para que los demás lo hagan.

Beristaín afirma en su libro que desde cualquier perspectiva pareciera que las mujeres tienen que demostrar que son seres valiosos y pensantes. Las que puedan volverse hacia sí mismas, las que pueden hablar de sus propios logros, de sus decepciones, de sus deseos, tienen que pagar altos precios emocionales, ya que cuando una mujer demuestra que puede tener una casa bella y éxito profesional, es motivo de gran envidia, a veces de otras mujeres y en ocasiones de su propia pareja.

› Somos competitivas

Ahora la mujer avanza por la vida orgullosa del éxito que ha ganado después de una difícil competencia y hasta de haber renunciado a su destino femenino, con la inconfesable e íntima satisfacción de haber superado al hombre. Así como la competitividad es su nueva arma, con ella afloran ciertas enfermedades como el estrés y la depresión.

Es impresionante cómo el sexo femenino se dedica a su trabajo y las mujeres pueden ser eficientes y tremendamente eficaces en lo que se les pide.

› Hablan lo que piensan

En la sociedad actual, las mujeres han introducido un elemento de desestabilización en este orden: la libertad para expresar los sentimientos. En la nueva sociedad es la mujer la que está introduciendo nuevos hábitos, y carecer de habilidad de adaptación para este fenómeno se está convirtiendo para muchos hombres en una desventaja.

› Mujer Asertiva

Debemos ser mujeres asertivas, lo que significa: "No hablar lo que se piensa, sino pensar lo que se habla". Muchas veces hablamos de más, por lo que es fundamental pararnos y reflexionar lo que vamos a decir para no herir a las personas que nos rodean.

› Mandamos en el hogar

Hay que decirlo, la imagen de la mujer que esperaba a su marido con la comida lista ya pasó al olvidó. Ahora son cada día más los hombres que deben prepararse su propio alimento al llegar del trabajo, ya sea porque la mujer también trabaja o tiene actividades extra laborales que la hacen tener vida propia.

› Somos dueñas de nuestro sexo

Hay algo claro, la mujer busca mucho más el sexo que antes, incluso fuera del matrimonio o de la relación de pareja, pero cuando no quiere hacer el amor lo dice sin tapujos y el hombre debe conformarse. Ya pasaron los tiempos en que si el hombre quería, la mujer debía someterse a sus caprichos. Ahora ellas tienen el poder en la cama. Claro que en la actualidad siento que muchas mujeres se están yendo al extremo y buscan el placer por el placer.

› ¿Por qué nos dicen que somos feministas?

Muchas mujeres se acercan a mí diciéndome que sus esposos las consideran feministas porque hacen valer sus derechos. Una me comentaba que su esposo le dijo: "Ya viste, zonza", y ella le contestó: "¿Zonza?", como diciendo "a mí no me digas así", y él le contestó: "Ay, qué feminista eres". Cuando me dijo esto me quedé pensando en por qué los hombres utilizan la palabra "feminista" en nuestra contra.

Soy lo que soy porque soy feliz

Soy lo que soy para crecer como ser humano

Soy lo que soy para ayudar a las mujeres

Soy lo que soy por los niños

Soy lo que soy para ser mejor

Soy lo que soy para marcar un ejemplo

Soy lo que soy porque es la única
forma en que cambiaremos

Soy lo que soy para cambiar

Soy lo que soy para ser precursora

Soy lo que soy para ayudar

Soy lo que soy para dejar huella.

Capítulo IX

¿Cómo está cambiando el mundo laboral?

El modelo tradicional masculino, en el mundo empresarial, está cambiando. El que existía hasta ahora era un modelo basado en una estructura rígida y piramidal, y comienza a ser desplazado por un modelo más flexible y horizontal. Podríamos decir, por un modelo más femenino, donde la comunicación y la intuición (virtudes típicamente femeninas) cobran fuerza.

Hoy día, se considera que la forma de liderar de las mujeres tiene enorme ventaja para las empresas.

En muchos casos, las mujeres trasladan al ámbito laboral su propia manera de funcionar y de llevar adelante un hogar.

Durante mucho tiempo, estas características femeninas fueron menospreciadas en el ámbito laboral.

Características tales como promover el crecimiento, nutrir, contactarse con el otro y con la naturaleza, valorar el poder de la intuición, dejarse guiar por las emociones, eran vistas como inconvenientes por las empresas.

Esto está cambiando desde hace algún tiempo. El modelo empresarial que se está gestando cotiza cada día más las características y valores femeninos.

Siguiendo el modelo japonés de calidad total, en donde se cuida todo el proceso de producción y no sólo los resultados, las empresas están armando estructuras más horizontales, donde la información fluye en todas direcciones.

Se observa que las mujeres lideran armando organizaciones planas y circulares, en lugar de las viejas pirámides.

Se ven a sí mismas como el núcleo y no como la cabeza de la estructura, ya que se instalan en el centro del círculo. Este organigrama circular permite conciliar los valores humanos con la eficiencia. Además, estimula factores decisivos para el desarrollo de toda empresa, como el entusiasmo, la inteligencia y el compromiso.

Algunos de los valores que poseen las mujeres, y que se toman en cuenta por las organizaciones empresariales, a la hora de contratarlas son que:

- Conducen con un estilo racional y pacífico.
- Buscan el consenso.
- Se preocupan por el aspecto humano, enfatizando el contacto personal.
- Integran lo público y lo privado.
- Son flexibles, adaptándose con facilidad a los imprevistos.
- Prestan la misma atención al proceso como a los resultados finales.
- Se valen de la experiencia personal para negociar.
- Son buenas interlocutoras.

Este mundo laboral, el del siglo XXI está experimentando una revolución porque las mujeres han entrado en él, son ellas las líderes de esta revolución. Como les he mencionado antes, no solo han asaltado terrenos propios de los hombres antaño en la dirección de empresas, sino que también se han levantado hasta convertirse en dirigentes de países.

Esta nueva realidad tiene un doble efecto: por una parte las mujeres están feminizando el mundo, están aportando sus cualidades y virtudes intrínsecas, y al mismo tiempo, están inspirando a otras a seguir su camino.

Cómo dice María Marín: La revolución que está transformando al mundo ya no va a detenerse, ya no hay marcha atrás. Una mujer que olvida sus aspiraciones y sueños por darle prioridad a los deseos de otros, no se ama a sí misma.

Querida Mujer:

Quiero que pienses algo. Cada vez que te sientas vulnerable, triste, cada vez que tus fuerzas flaqueen, piensa que hay muchas manos femeninas detrás de ti, empujándote para que cumplas tus metas, para que realices tus sueños.

Impulsándote a ser mejor cada día, dándote fuerza para que tú misma te conviertas en un ejemplo. No importa qué clase de trabajo realizas. Esfuérzate día a día, lucha por lo que crees, la tenacidad es un valor que te debe acompañarte toda tu vida.

Piensa que cada mujer del siglo XXI es un ejemplo a seguir por las generaciones siguientes.

Pon tu mente, corazón y alma para hacer de esta labor algo valiosa para ti y para los demás.

Capítulo X

¿Y TÚ QUÉ TIPO DE MUJER ERES?

¿Sexy, divertida, madre entregada, profesional? A muchas nos cuesta identificarnos con un prototipo de mujer porque lo cierto es que tenemos un poco de todo y nos encanta. Así que aunque el sueño de muchas sea el glamour y la sofisticación, y el de otras lo sencillo y discreto, al final todas por más auténticas y únicas que seamos, combinamos perfectamente nuestros estilos y los adaptamos a la situaciones en que nos encontremos.

Cuando emerge la mujer eficiente, energética, segura de sí misma y en busca del éxito está presente la ejecutiva actual o profesional. Ella atesora un gran conocimiento y carácter, además de los mejores consejos para lograr aumento laboral, para escoger el mejor proyecto y hasta un nuevo traje o trabajo.

Al momento de la conquista sale a relucir la faceta sensual. Las miradas, los movimientos y la actitud de diva se apoderan de "la chica seductora". Siempre acompañada de deliciosas fragancias y por supuesto, provocadora lencería. Ella es el personaje ideal para poner en práctica los más infalibles trucos de conquista.

Llega el momento de dejar los tacones a un lado, de recoger el cabello y transformarse en auténtica ama de casa. Un consejo de maternidad, regar las plantas de tu hogar, una receta única, y hasta cómo mantener tu relación con tu pareja. Este lado femenino está lleno fuerza y paciencia para llevar las riendas del hogar y robar el corazón de muchos hombres.

Aquellas chicas sensibles que te enseñan a disfrutar de la soledad, el contacto con la naturaleza y conocen los paisajes más paradisíacos, son las ecológicas que todas llevamos dentro. En muchas ocasiones sacan a relucir su inclinación por la aventura, los planes extremos y ¿por qué no? hasta un momento de reflexión y meditación frente al mar.

Por otro lado hay momentos en la vida en que la monotonía, la austeridad y las reglas nos aturden, ¡A todas nos sucede! Comenzamos a buscar contacto lúdico y diversión. La mujer divertida y creativa también está presente. Aquella que disfruta al máximo la intensidad de la vida en una conversación, en el amor o en la soledad. Hay que admitirlo, en el siglo veintiuno ninguna chica es conformista y una gran mayoría están en el camino de lograr crecer como seres humanos.

Para volar hay que crecer el espacio. Mujer y hombre deben desplegar sus alas al mismo tiempo, con la misma fuerza, con la misma intensidad, con el mismo tamaño.

Capítulo XI

La superación de la mujer

Hasta hace muy poco tiempo todavía, se pensaba que la mujer no debía prepararse, y que una mujer con educación únicamente contribuía a la desintegración familiar y social. El machismo impedía que la mujer fuera un ser humano preparado.

La creencia en este tabú ya no es propia de la época. Vivimos el inicio de un nuevo siglo y sin embargo la ignorancia aún no toca la superficie de lo creíble.

Aun en la época actual existen mujeres que "no deben estudiar porque no nacieron para eso", que no deben ser más que madres de familia y amas de hogar, ¡vaya! Como decían los abuelos, "solo para el metate y para el petate", increíble, ¿verdad?, pero es cierto.

Desde luego, la mujer por no agravar los problemas con el esposo, por no poder vivir sin él, por no saber hacer o trabajar en algo prefiere quedarse sin los conocimientos necesarios, suficientes para sacar adelante a sus hijos y lo soporta todo.

Suena paradójico, ¿verdad?

Sin embargo se ha comprobado que en la actualidad sólo un mínimo porcentaje de mujeres de campo quieren superarse, también es verdad que a medida que pasa el tiempo muchas de ellas empiezan a abrir los ojos y por lo menos dicen: "Sí, me gustaría aprender a hacer algo, no quiero quedarme en la ignorancia", y alguna que otra se atreve a asistir a cursos de recetas de cocina, charlas sobre superación personal, conferencias como las que yo imparto y que me da mucho gusto ver cómo cada vez más mujeres asisten a ellas en las diferentes ciudades a las que voy, y en fin, en muchas otras actividades como el estudio de la computación.

› Lento pero seguro.

También es cierto que en los últimos años muchísimas mujeres ya han dejado las casas para dedicarse a la actividad política, cultural, deportiva, laboral.

Por todas partes vemos mujeres policías, diputadas, doctoras, abogadas, etc. Muestra de que por lo menos ese 40 % de las mujeres bien preparadas ya han salido de la ignorancia total para dedicarse a la productividad social y laboral, no sólo a la productividad de la familia.

Vivir en forma indiscriminada, pobre y olvidada ya no debe ser causa de ignorancia. En pleno siglo XXI existen muchísimas formas de llegar a la verdad, valiéndonos de la información adoptada de los libros, charlas, conferencias, escuela para padres, el manejo del Internet, como una de las ideas más sofisticadas de la ciencia y la tecnología.

Que el desinterés, la flojera, la falta de motivación y la vergüenza sean avasallados por nuestros prejuicios es otra cosa, pero es verdad, de eso no obtendremos más que ignorancia, pues la pereza mental no perdona.

Existe una frase que define a la perfección y sintetiza estos conceptos:

"Dale de comer a tu mente, para que tu mente te llene los bolsillos"

Que sabias son estás palabras de Alex Dey, como podré transmitir a las mujeres lo transcendental que es que se preparen, que estudien, que se especialicen en lo que más aman para que destaquen. Si les gusta la cocina, tratar de estudiar alguna carrera, curso o diplomado para así lograr estar más preparada.

Desgraciadamente el 60% de las mujeres en edad de prepararse no lo hacen por vivir apegadas a la economía del hogar, es decir, si no hay para las tortillas, si no hay para el fríjol, si no hay para comer, simplemente no puedo tener un espacio para aprender o salir adelante.

En muchas películas se puede advertir el papel que las mujeres tenían hasta hace relativamente poco tiempo. No son pocas las que retratan el ambiente en el que se desarrollaban mujeres como nuestras madres, quienes pertenecieron a ese tiempo, educadas sólo para ser buenas madres y excelentes esposas, tiempo donde la mujer era obediente y no se atrevía siquiera a pensar por sí misma y solamente soñaba con el día de su matrimonio.

Eran pocas las oportunidades para la mujer que quería hacer algo más que ser un ama de casa. Lo interesante de esas historias, por ejemplo, recuerdo ahora la película *La sonrisa de la Mona Lisa* (si no la has visto te recomiendo verla), me transportó a estos tiempos, el personaje de Katherine Watson caracterizado por Julia Roberts era un alma libre que iba a donde quería y hacia lo que mejor le parecía y en su ideología de libertad trataba de enseñarle a sus estudiantes, el que siempre fueran más allá y no se conformaran con lo que le decían que tenía que hacer, sino que tuvieran diferentes perspectivas de vida.

No puedo evitar expresar lo identificada que me sentí con el personaje, siempre rebelde, discutiendo las reglas y lo que para todo debe ser para ella no lo era, para mí no lo es, ¿por qué únicamente casarse y obligatoriamente tener hijos si tenemos capacidad para algo más, para estudiar una carrera, para obtener un excelente trabajo o mejor aún poner nuestro propio negocio y establecernos en el mercado como empresarias?

Hoy en día se puede ver aún esta mentalidad tradicionalista en algunas mujeres, cuando se unen a su pareja dejan de pensar en ellas como seres humanos femeninos y sólo se convierten en la mujer de alguien sin muchas pretensiones ni ilusiones propias. Cuando tienen el maravilloso regalo de ser madres, sólo pasan al siguiente estado, madre de alguien, esposa de alguien, y las que trabajan empleadas de alguien, y poco a poco al paso del tiempo olvidan su rol principal, "ser mujer", darse gustos de vez en cuanto, estudiar, preparase para un mundo mejor y darle mayores oportunidades de vida a sus hijos. La excusa principal es no tengo tiempo, para qué si mi marido trabaja y me da lo que necesito, no nos hace falta que yo salga a trabajar, el niño está muy chiquito, etc., etc. Dicen cualquier cosa para justificar su falta de ambición e interés en ser más de lo que son. Ahora bien con mucha pena debo decir que muchas ni siquiera son madres ideales y crían pequeños monstruos para el futuro, adultos sin la menor idea de respeto por la vida, adultos sin valores que respetar ni mucho menos ética que seguir. ¿Y eso por qué? Nada más y nada menos por exceso de amor y la falta de disciplina a la hora de educar a los hijos.

Y qué decir de la mujer que se somete al hombre para hacer únicamente lo que él quiere, deja de tener personalidad, deja su real esencia de mujer, omite expresar lo que siente, piensa y quiere únicamente para no molestar al que la mantiene. ¿Y cuál es el destino de estas historias? Pues para la mayoría termina en separación, en divorcio, y cuando llegan a ese punto es cuando se percatan que el tiempo transcurrió y no hicieron nada más y ahora les toca buscar trabajo con muy pocas esperanzas de encontrarlo porque no tienen experiencias y no es mucho lo que saben hacer.

Entonces ¿por qué nosotras debemos de escoger entre una familia y superarnos profesionalmente? ¿Por qué si no queremos casarnos debemos andar por el mundo dando explicaciones del porqué no lo hacemos? Porque la mujer aún en este siglo debe someterse al hombre y no vivir en pareja en igualdad de derechos si somos dos que forman una familia pero con capacidad de pensamientos individuales y se nos otorgó libre albedrío.

Mujer, recuerda que eres capaz de hacer más de una cosa a la vez, puedes ser buena madre, esposa y una excelente profesional, no tienes porque escoger, o peor aún, nadie debe escoger por ti, ponte tú y a tus necesidades en primer lugar y verás que de esa manera puedes dar más, dar calidad de tiempo a tu familia. Una mujer feliz será una madre feliz.

No es posible

La persona que se pierde de lo mejor es aquella que dice: "No es posible". Y está tan segura de que no se puede, que se abstiene de cualquier esfuerzo. Si pudiera borrar toda la historia de la raza humana lo haría. No tendría automóviles, ni televisiones, ni viajes al espacio. Estaríamos en la edad de piedra y el mundo dormiría si fuera dirigido por esas personas que dicen: "No es posible". Dentro de mi pensamiento nunca ha existido la palabra no se puede y te invito a que dentro de tu mente encuentres un mundo de posibilidades en donde si sí puede. Claro que la tenacidad es la clave para lograr tus objetivos.

Las cualidades de una mujer exitosa

Seguramente estaremos todos de acuerdo en que en la actualidad no existe una fórmula mágica para obtener el éxito. Y no solamente eso, la misma definición de lo que es el éxito es algo muy personal, ya que para algunas mujeres puede ser simplemente casarse, tener hijos y un hogar feliz, mientras que para otras es triunfar en su trabajo o alcanzar un balance entre el hogar y el trabajo; así que todo depende de cuáles son tus objetivos en la vida y el hecho de lograrlos, pero estoy de acuerdo con que, si queremos alcanzar el éxito en cualquiera de sus formas, debemos incluir una serie de cualidades que nos faciliten obtener lo deseado.

Primeramente pienso que tenemos que tener una buena relación con nosotras mismas y con los demás. ¿Cómo? Siendo proactivas, adoptando una actitud positiva, haciendo un trabajo personal para resaltar nuestras cualidades y opacar nuestros defectos, administrando bien nuestro tiempo y manteniendo bien elevado nuestro nivel de autoestima, mostrarte cada vez más contenta y que te rinda el tiempo para realizar actividades de tu agrado, desarrollo personal, disfrute familiar, establecerte metas y alcanzarlas, en definitiva hacer las cosas que te gustan y disfrutar de tu día a día, definitivamente debe ser tu nuevo estilo de vida, para alcanzar la felicidad.

Pero la cosa no acaba aquí, nuestra sociedad tiene un estereotipo de éxito y de paso nos lo exige cumplir para calificarnos como exitosas. Todo esto me motivó a investigar sobre el tema y encontrar cuáles son esas famosas cualidades que debemos tener. A lo largo de mi vida profesional, en las lecturas que he hecho, en los testimonios que he escuchado en mis conferencias, y hasta revisando diversas encuestas, en fin, toda esta información me llevó a una sola conclusión: "**El éxito es totalmente personal**", tú escoges qué cualidades tener dependiendo con qué te identificas más e integrando aquellas que necesites, y ratifico lo que pienso sobre que no existe una fórmula fantástica, ya que somos individuos totalmente diferentes y como dicen por allí: Cada cabeza es un mundo y creo que lleno de posibilidades.

A continuación te enlisto parte de las cualidades que nuestra sociedad espera que tengamos para ser exitosas.

- Capacidad de decisión y acción
- Entusiasmo
- Confianza
- Ejecución
- Responsabilidad
- Belleza
- Paciencia
- Inteligencia
- Valentía
- Perseverancia
- Organización
- Tenacidad
- Constancia
- Te cuido, me cuidas
- Ser emprendedora
- Tener visión de futuro

Todos estos son conceptos muy amplios, tanto que con cada uno de ellos podría escribirse un libro, pero cada una de mis lectoras lo entenderá a su manera, lo adaptará a su propia vida. También te invito a que agregues más cualidades a la lista.

Aprende el arte de negociar

Negociar es un concepto que la mujer de hoy tiene que tener muy a la mano, ya que tienes que hacerlo para ganar mejor, para cerrar una negociación, para vender más, para mejorar tus horarios, las mujeres nos tenemos que valorar cada vez un poco más. A continuación te diré lo que significa:

- Negociar es comunicar con los demás e intentar persuadirlos para que acepten, lo cual implica que aún no hemos negociado.

- Negociar es esencialmente comunicar a través de una acción no verbal.
- Negociar no es el arte de mentir, sino el reto de convencer.
- Negociar significa escuchar, hablar poco y guardar silencio a efecto de acordar. La palabra clave es **acordar**.

Las mujeres tenemos todas las cualidades necesarias para atraer toda la prosperidad y éxito a nuestra vida por eso acompaño mis pensamientos positivos de sentimientos positivos.

› Cambia el por qué por el para qué

Es decisivo en tu vida preguntarte el Para qué de lo que está sucediendo en lugar del Por qué. Una persona cercana a mi equipo de trabajo sufrió un asalto en un taxi. Cuando estábamos fuera de México, le quitaron su maleta con todas sus pertenencias, se quedó con lo que traía puesto y veinte pesos.

Todos en la vida tenemos dos caminos que podemos elegir, uno de ellos es el preguntarnos por qué Dios por qué a mí o por qué... O hacernos el cuestionamiento del Para qué me está sucediendo esto. Si escoges el por qué, te convertirás en una víctima, tendrás mucho coraje, indignación, recordarás todas las pertenencias que te fueron despojadas, querrás recordar la cara del asaltante, encontrarlo para reclamarle, seguramente te sentirás totalmente vulnerable y no te querrás subir a ningún taxi que no sea de sitio, estarás deprimida, triste, desesperada, seguramente te despertarás en la noche pensando en el cuchillo que te pusieron en la garganta y tendrás marcada la cara de ese pillo.

Yo le recomendé que guardara esos veinte pesos, que nunca los gastara, que cada vez que los viera valorara su vida, se cuidara y protegiera.

Otro ejemplo del por qué es cuando te divorcias, cuando muere a una persona muy cercana, tienes un accidente, te cambias de casa o de trabajo o de ciudad; es decir, cuando tienes una pérdida ya sea emocional o económica. Puedes hundirte en tu profundo dolor, evadirte y dormirte todo el día o decidir preguntarte él para qué de lo que te ocurrió.

Los primeros días son decisivos para que el caos se convierta en un suceso efectivo en tu vida, por eso busca compañía con personas positivas, que estén a tu lado conteniéndote, apoyándote tanto con palabras como con contacto físico, tal vez agarrándote las manos, dándote palmadas. Estas expresiones de cariño son tan reconfortantes para ti que tal vez en otra ocasión las sentirás exageradas, pero en estos momentos de dolor es una forma de sentir la presencia de un ser querido a tu lado que te escucha y te acompaña.

Esos primeros momentos de calidad son tan significativos porque aprenderás a ver el lado positivo de lo que sucedió. En los primeros instantes todo lo verás negro y obscuro, pero con el paso de los días, si tu elección ha sido responder el Para qué, lograrás valorar que estás vivo, y tal vez es la forma de reaccionar para ver una luz al final del camino.

Haz una lista de todo lo positivo que de ahora en adelante verás es tu vida, para qué te sucedió esto, en qué pensaste, si te corrieron del trabajo por la excusa de la crisis, tal vez no era tu trabajo ideal, te explotaban, el horario era fatal, estaba muy lejos de tu casa, no soportabas a tu jefe, si te pones a pensar, si te despedían era la única forma de salirte de ese trabajo que odiabas.

Al preguntarte el Para qué logras automáticamente abrir una ventana que te hace respirar nuevos aires o tener una nueva visión de la vida, cuando te ocurre algo impactante lo que logra es que te aferres a la vida. Cuántas personas no vemos que sufren un accidente automovilístico que están a punto de morir y parece que renacieron con más fuerza para salir adelante. Claro que hay otras que se hunden en una depresión muy profunda y nunca salen de ella.

Por eso decídete, haz tú la elección de la pregunta ¿Para qué me sucedió esto? Deja de preocuparte y ocúpate, son avisos que se te van presentando. Si los aprovechas, indudablemente tu vida va a cambiar.

Si estuvieras

Si estuvieras ocupada siendo amable,

Sin darte cuenta, pronto verías

Que no tienes tiempo de acordarte

De que alguien fue rudo contigo.

Si estuvieras ocupada en tu alegría

Y alentando a la gente que está triste,

Aunque tu corazón doliera un poco,

Pronto te olvidarías de notarlo.

Si estuvieras ocupada siendo buena,

Y actuando del mejor modo posible,

No tendrías tiempo de echar culpas

A otros que hacen todo lo que pueden

Si estuvieras ocupada en lo correcto,

Esta ocupación no te daría tiempo

Para acusar a otras personas

De estar ocupadas en lo incorrecto.

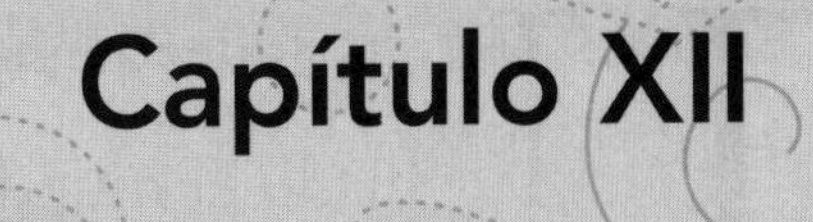

Capítulo XII

La felicidad de la madre que trabaja

Una de las realidades que han cambiado el mundo con más fuerza es el hecho de que las mujeres se han incorporado en masa al ámbito laboral, transformando así todos los paradigmas. El mundo moderno lo es, entre otras razones, porque a diferencia de los tiempos antiguos, las mujeres están comenzando a dejar su huella en la historia, y lo hacen con eficiencia, talento y genialidad, muchas veces mejor que los hombres.

Esta dramática transformación lleva muchos años gestándose, pero podríamos señalar la primera guerra mundial como el arranque de todo. El mundo occidental necesitaba mano de obra y los hombres estaban en el frente, así que hubo la necesidad de recurrir a las mujeres. Con el inicio de la segunda guerra mundial se intensificó esta tendencia y el mundo nunca volvió a ser igual.

En la actualidad ya no tiene sentido preguntarse si la mujer participa o no en la sociedad y en la economía globales. Todos admiten esto como una realidad. Pero ahora, y ya desde hace algún tiempo, existe un debate acerca de si la mujer está en el lugar que le corresponde. Muchos siguen teniendo la creencia de que la mujer está mejor en su hogar, y que los males de nuestros tiempos se derivan de haberla despojado de su lugar tradicional. Otros, más extremistas, piensan que si la mujer trabaja, no está capacitada, o no debería, para formar una familia.

En el debate que existe entre la mujer que trabaja y la que permanece en su hogar, a menudo y cada vez más se levantan voces que afirman que las mujeres que trabajan son muy valiosas, contribuyen a la construcción de la sociedad, pero... Sí, primero las elogian y luego, detrás del halago, viene el "pero". Está bien que trabajen, dicen, pero que se olviden de tener un hogar armonioso en el que se educan hijos felices. En síntesis, no se puede trabajar y tener un hogar feliz al mismo tiempo, según dicen. ¿Es cierto esto?

La realidad desmiente este prejuicio. Contrariamente a esta opinión, que de tan intensa se ha convertido ya en un estereotipo social, hay en el mundo millones de mujeres que trabajan y mantienen un ambiente de armonía y felicidad en su hogar. Mujeres que han sabido equilibrar su tiempo, su personalidad y sus actividades, de manera que son tan felices o más que aquellas que solo se dedican al hogar. Entre otras razones, tienen un sentido de independencia y de realización mucho mayor.

Siendo yo misma una mujer que trabaja, además de ser esposa y madre, puedo afirmar que no hay nada que se oponga a ser exitosa en los dos frentes. Los hombres lo han hecho desde siempre, han logrado tener éxito en el mundo laboral y en el ámbito familiar. ¿Por qué no iban a lograrlo las mujeres? Pues ya lo hicieron. Las madres trabajadoras, que como dije son millones, no han tenido que mantener en suspenso sus carreras mientras educaban a sus hijos.

Y gracias a que yo misma soy una madre que además trabaja, he tenido el orgullo de conocer a muchas otras mujeres en la misma situación. Una de las cosas que más ha llamado mi atención acerca de esta experiencia, es que esta clase de mujeres ya no se definen como solían hacerlo hasta hace algunos años las mujeres en general. Veamos. Nuestras madres, pero aún más nuestras abuelas, acostumbraban definirse en relación al estatus que la sociedad imperante había elegido para ellas. De jóvenes eran chicas casaderas, luego pasaban a ser esposas, hasta llegar al grado más alto de ser mujer: convertirse en madres.

Las mujeres actuales no han renunciado a esto, pero han enriquecido tanto su propia realidad que ya la rebasaron. Aquellas que he conocido dejaron de definirse. Y es natural, porque son ya tantas cosas que ya no hay definición que las resuma o sintetice. Siguen siendo chicas casaderas, esposas o madres, pero además se han convertido en seres humanos realizados que tienen amigas.

"Soy amiga porque mantengo un círculo social a mi alrededor". ¿Qué les parece? Es importante porque en otros tiempos la mujer sabía que todo su tiempo debía dedicarlo a su familia. Era muy mal visto que tuvieran amistades. Pero la realidad actual hace que la mujer mantenga una constante relación con su mundo. No somos islas, y estamos obligados a una relación constante.

Las madres que trabajan reciben una satisfacción adicional, que se desprende de sus actividades: son apreciadas y admiradas por lo que hacen, y eso les otorga una sensación de logro, de independencia y de alegría. Saber que son capaces. Y eso les da la fuerza para ir más allá del éxito laboral. Son una fuerza en el mundo social y económico, pero también tienen una fuerza adicional que proviene de su éxito. Contagian su buen humor, irradian una alegría exuberante que toca a todos los que las rodean y provocan conductas positivas y productivas en su comunidad, una comunidad que ya no es solamente el hogar, sino también la oficina y todos los espacios sociales que frecuentan.

Las mujeres que trabajan tienen la capacidad para inspirar, motivar y ser admiradas. Son mujeres llenas de energía que transmiten fuerza, mujeres tan realizadas que no pueden evitar la irradiación de algo que han alcanzado: la felicidad personal. Y eso lo transmiten a sus hijos, a su esposo y a todos los que las rodean.

› Otros aspectos importantes de la mujer exitosa

Tómate más tiempo para ti misma. Necesitas invertir tiempo en ti misma para poder vivir tu "mejor vida". Necesitas tiempo para cuidarte, tiempo para descansar, tiempo para crecer (y tiempo para las cosas de la siguiente lista).

- **Rodéate de gente exitosa a la que admires**. Seguramente has oído decir que debes vestirte para el trabajo que quieres, no para el trabajo que tienes. Este es un principio similar. Estar rodeada de gente que admiras es como un viaje apabullante respecto a cómo quieres que sea tu vida, y a menudo estas personas van a ayudarte a encontrar el atajo hacia tu vida soñada. Hace poco tiempo tuve el placer de conocer a una mujer maravillosa, Janet Arceo, hicimos una conexión inmediata, ¡qué persona tan sabia! Ahora entiendo por qué ha durado casi 30 años en la radio, seguramente ha impactado positivamente a muchas mujeres.

- **Conexión.** La conexión positiva significa que conozcas cantidades de personas cada fin de semana y descubras lo que puedes hacer por ellos, y entonces, cuando sea posible, ¡hazlo! Esto extenderá tu conexión y te dará acceso a la gente y a los servicios que puedes necesitar en algún momento. La gente va a saber quién eres, qué les ofreces y muchos querrán ayudarte, a menudo sin siquiera haberlo pedido.
- **Desarrolla un sistema fuerte de apoyo social**. Las mujeres están tan ocupadas que pueden olvidar llamar a sus amigas, a los miembros de su familia y a sus vecinas. Pero es importante tener gente en tu vida que pueda estar allí para ti cuando algo suceda, cuando alguien se enferma o tiene un accidente y necesita que alguien cuide de tu hijo, que lo lleve al hospital, un hombro para llorar. En retribución, tú estarás para

ellos ante una emergencia. Pero es mucho más fácil pedir estos favores cuando tú hayas estado manteniendo y sustentando la relación, no cuando los has descuidado por estar demasiado ocupada.

- **Deshazte de la gente tóxica**. A muchas mujeres no les gusta abandonar una relación, aún en el caso de que sea mala. Aún si somos el alimento y pensamos que podemos arreglarlo, o si tememos herir los sentimientos de alguien. Sin embargo, algunas relaciones no son dignas de tal esfuerzo. ¿Alguien es muy crítico contigo de una manera destructiva, no constructiva? ¿Tienes amigos o miembros de tu familia que te agotan cada vez que los ves o hablas con ellos? ¿Estás asociada con gente que desalienta tu búsqueda de éxito?

Tienes que cortar o al menos aflojar estas ataduras. Si la relación es muy importante para ti, deja que la persona sepa el efecto que está teniendo sobre ti. Tal vez esos efectos negativos puedan cambiar. Pero no desperdicies tu precioso tiempo y energía en gente tóxica. Tienes muchas otras cosas más importantes que hacer.

- **Pide ayuda cuando sea necesario** (o aun si no lo es). Nadie debe sentir que tiene la obligación de hacerlo todo. No tienes que ser una super mujer y estar en 100 lugares al mismo tiempo y correr furiosamente desde que sale el sol hasta la hora de dormir. ¿Puedes hacer todo por ti misma? Probablemente sí, pero, ¿eres feliz haciéndolo? No, no lo creo.

¿Estás cuidándote a ti misma? ¿Vas a estar relajada y feliz cuando los miembros de tu familia vuelvan a casa del trabajo o de la escuela? ¿Te vas a ver y a sentir de lo mejor?

- **Escucha este buen consejo que conocen las mujeres exitosas: consigue un equipo**. Un asistente, un mentor, un masajista, un chofer, una peinadora, una persona de limpieza, etc. Y si también te estás ocupando de tus padres, consigue la misma clase de ayuda para ellos. Sí, tú mereces tu propio equipo de "asistentes" para ayudarte con tu vida.
- **Pasa tiempo con tus amigas.** ¿Quién tiene tiempo, te preguntarás? Pero la repregunta se impone: ¿puedes permitirte no tenerlo? Las mujeres necesitan hablar con otras mujeres. Podemos hablar entre nosotras de una manera en que no podemos hablar con nuestros compañeros, nuestras madres o nuestros hijos. Todos necesitamos amigos con los que poder hablar acerca de cualquier cosa que sabemos que estamos justamente expresando y sabemos que la información no va más lejos.

Necesitamos compadecer a los demás, reírnos, hablar acerca de cosas que los hombres no piensan que disfrutamos hablar.

Necesitamos un lugar seguro para hablar de nuestra gordura, nuestros viejos amores, nuestros diseñadores favoritos... Un lugar, en definitiva, donde nuestra audiencia esté extasiada por los mismos tópicos. No es algo que siempre se puede conseguir en casa.

Me siento una persona afortunada porque a lo largo de mi vida, he conservado amigas de la infancia, de la carrera, de la maestría, del trabajo, del colegio de mis hijos, de las esposas de amigos de mi marido. En los últimos años la vida me ha puesto mujeres hoy amigas que han contribuido en gran medida a mi éxito, hoy estoy firmemente convencida que las mujeres estamos para ayudarnos, para muestra un botón. Gracias amigas por creer en mí, estar conmigo en las buenas y en las malas. ¡Las quiero, les doy mi agradecimiento y deseo que sepan que son una parte fundamental en mi vida!

- **Come bien**. Las madres solían decir "somos lo que comemos". Bien, puede no ser una papa frita, pero tu organismo la tratará ciertamente mejor si lo tratas bien.

  Comer bien te ayudará a mantener un peso saludable y te proveerá de la energía que necesitas para pasar tus días ocupados. Recuerda comer cantidades de frutas frescas y vegetales, bebe al menos 8 vasos de agua por día, aléjate de la comida chatarra, comidas fritas y comidas procesadas y cuidado con las porciones. Antojos puedes darte el lujo de tenerlos, pero no todos los días. Esto lo leí en un buen libro "Come, vive y sé feliz".

Un gran consejo es servirse las comidas en platos pequeños. Algunas veces comemos hasta que el plato está vacío, no importa si lo necesitamos todo o no. No te niegues comidas que te gustan. Sé indulgente con pequeñas porciones.

- **Haz ejercicio.** Esto debería ser la prioridad por excelencia. El ejercicio puede ayudarte a mantener tu peso, manejar el estrés, prevenir la osteoporosis, tener más energía, estar más fuerte, prevenir las enfermedades, por supuesto, sentirse y estar más joven. Cuida tu cuerpo, tu salud, que es lo más preciado que tienes. Si no tienes bicicleta pídeselas a tus hijos y sal un rato, verás que te divertirás y harás ejercicio.
- **Duerme lo suficiente**. Esto te proveerá de más recursos físicos, mentales y emocionales de manera que puedas efectivamente manejar tu apretada agenda y mantener

bajo control el estrés. Lucirás y se sentirás mejor.

Seguramente tienes mil pendientes que no te dejan dormir, si es necesario ten en tu buró una libreta para que ahí puedas poner todo lo que te inquieta, también es bueno escribir lo que sueñas, por si tienes la oportunidad de ir a terapia, tus sueños te dirán lo que dice el subconsciente.

Un consejo que te doy para dormir mejor es que cuando te acuestes cierra los ojos, te llegarán a tu mente muchos pensamientos, bórralos, respira profundamente, concéntrate en tu respiración, sigue borrando tu mente, no pienses en nada, sólo piensa en tu respiración, miles de pendientes te llegarán a tu mente, sólo bórralos y sigue respirando, tal vez sientas que todavía no estás profunda, que eso no te preocupe, únicamente piensa que estás descansando, no veas el reloj, sólo respira profundamente y relájate, sólo relájate y te darás cuenta que en menos de lo que piensas estarás dormida. Muchas veces uno llega tan cansada que no puede conciliar el sueño, te recomiendo que te tomes un baño y eso te relajará. También recuerda no cenar alimentos dulces.

- **Sigue aprendiendo y creciendo**. Esto te ayuda a mantenerte joven ¡es verdad!—. Una manera de posponer y prevenir la demencia es participar en un aprendizaje de por vida. También te hace sentir mejor rodeada e interesante, y lo fundamental, hace que el mundo se vuelva más importante para ti.

Te sientes productiva, te invito a que entres nuevamente al mundo del estudio, si no hiciste la prepa, decídete y hazla, si no tuviste la oportunidad de una carrera, ahora puedas hacerla de forma virtual, estudia un diplomado, si tienes ganas de hacer una especialidad la maestría te abrirá muchas puertas, nunca es tarde para estudiar, no te quedes con las ganas y te arrepientas de lo que no pudiste hacer. ¿Es fácil? No, no lo es, pero te aseguro que será muy emocionante.

- **Sueña en grande**. Si no está en tu mapa, no hay manera de llegar allí. Si está al menos en tu mapa, tienes mucha mejor posibilidad de encontrar el camino hacia allí, aunque sería de mucha ayuda tener un acercamiento más activo. Podrías hacer una cartulina con todos tus deseos para que diariamente los visualices en tu mente y tu corazón.
- **Devuelve algo a la comunidad**. Involúcrate, apoya programas en tu comunidad. Recuerda que a todos les viene bien una ayuda, por pequeña que sea.

¿Estos secretos te parecen graciosos? Lo son. Y ése es el secreto final. No tienes que correr desaforadamente, no tienes que hacerlo todo. Cuidarte es como poner dinero en el banco. Cuanto más inviertes, más recibes a cambio.

Incorpora la mayor cantidad de estos consejos como sea posible, y si te parece una tarea difícil, acude a la ayuda de un asesor. Puedes tener éxito y también ser feliz.

La felicidad es un trayecto

Nos convencemos a nosotros mismos de que la vida será mejor después...

Después de terminar la carrera, después de conseguir trabajo, después de casarnos, después de tener un hijo y entonces después de tener otro.

Luego nos sentimos frustrados porque nuestros hijos no son lo suficientemente grandes y pensamos que seremos más felices cuando crezcan y dejen de ser niños, después nos desesperamos porque son adolescentes y son difíciles de tratar. Pensamos que seremos más felices cuando salgan de esa etapa.

Luego decidimos que nuestra vida será completa cuando a nuestro esposo le vaya mejor, cuando tengamos un mejor coche, cuando nos podamos ir de vacaciones, cuando consigamos el ascenso o cuando nos retiremos.

La verdad es que no hay mejor momento para ser feliz que ahora mismo.

Si no es ahora, ¿cuándo? La vida siempre estará llena de "luegos" y de retos. Es mejor admitirlo y decidir ser felices ahora de todas formas.

No hay un luego, ni un camino para la felicidad, la felicidad es el camino y es ahora.

Atesora cada momento que vives y atesóralo más porque lo compartiste con alguien especial; tan especial que lo llevas en tu corazón y recuerda que el tiempo no espera por nadie.

Así que deja de esperar hasta que termines la universidad, hasta que te enamores, hasta que encuentres trabajo, hasta que te cases, hasta que tengas hijos, hasta que tengas dinero, hasta que tengas una casa, hasta que se vayan del hogar, hasta que te divorcies, hasta que pierdas esos kilos.

Hasta el viernes por la noche o hasta el domingo por la mañana, hasta la primavera, el verano, el otoño o el invierno, o hasta que te mueras, para decidir que no hay mejor momento que justamente este para ser feliz.

Según Louise Hay "Las circunstancias de mi vida pueden cambiar, pero mi meta inmutable es conseguir una relación armoniosa conmigo misma".

La felicidad es un trayecto, no un destino.

Trabaja como si no necesitaras el dinero, ama como si nunca te hubieran herido, y baila como si nadie te estuviera viendo.

Capítulo XIII

Busca tu tiburón

Para finalizar este libro quiero compartirte la interesante fábula "Busca tu tiburón", que se desarrolla en Japón y la verdad me gustó mucho, por eso quiero compartirla contigo.

A los japoneses siempre les ha gustado del pescado fresco. Pero las aguas cercanas a Japón no han tenido muchos peces por décadas. Así que para alimentar a la población japonesa, los barcos pesqueros fueron fabricados más grandes para ir mar adentro. Mientras más lejos iban los pescadores, más era el tiempo que les tomaba regresar a entregar el pescado. Si el viaje tomaba varios días, el pescado ya no estaba fresco.

Para resolver el problema, las compañías instalaron congeladores en los barcos pesqueros. Así podían pescar y poner los pescados en los congeladores. Sin embargo, los japoneses pudieron percibir la diferencia entre el pescado congelado y el fresco, y no les gustaba el congelado, que, por lo tanto, se tenía que vender más barato.

Las compañías instalaron entonces en los barcos tanques para los peces. Podían así pescar los peces, meterlos en los tanques y mantenerlos vivos hasta llegar a la costa. Pero después de un tiempo los peces dejaban de moverse en el tanque. Estaban aburridos y cansados, aunque vivos.

Los consumidores japoneses también notaron la diferencia del sabor porque cuando los peces dejan de moverse por días, pierden el sabor fresco.

¿Y cómo resolvieron el problema las compañías japonesas? ¿Cómo consiguieron traer pescado con sabor de pescado fresco?

Para mantener el sabor fresco de los peces, las compañías pesqueras ponen a los peces dentro de los tanques en los botes, pero ahora ponen también un tiburón pequeño. Claro que el tiburón se come algunos peces, pero los demás llegan muy, pero muy vivos.

¡Los peces son desafiados! Tienen que nadar durante todo el trayecto dentro del tanque, ¡para mantenerse vivos!

Tan pronto una persona alcanza sus metas, tales como empezar una nueva empresa, pagar sus deudas, encontrar una pareja maravillosa, o lo que sea, empieza a perder la pasión. Experimentan el mismo problema que las personas que ganan la lotería, o el de quienes heredan mucho dinero y nunca maduran, o de quienes se quedan en casa y se hacen adictos a los medicamentos para la depresión o la ansiedad.

"Las personas prosperan más cuando hay desafíos en su medio ambiente".

Así que invita un tiburón a tu tanque, y descubre qué tan lejos realmente puedes llegar.

Unos cuantos tiburones te harán conocer tu potencial para seguir vivo y haciendo lo que mejor haces, de la mejor manera posible. Tú sigue alerta, pero siempre "fresco".

Siempre habrá tiburones a donde vayas...

No pidas a la vida que guíe tus pasos si no tienes la intención de mover tus pies...

Esta anécdota tiene una moraleja que me gustó y tiene mucha razón; todo ser humano tiene que buscar su tiburón en la vida, algo que le apasione, algo que te haga sentir vivo, tal vez ponerte a estudiar algo que siempre hayas deseado, o emprender un nuevo negocio, conocer una nueva pareja, tener nuevas amistades, tener otro trabajo en el que crezcas como persona.

Todo mundo busca la felicidad, pero como dice Tomás Melendo en su libro *El efecto de la felicidad*, sólo se consigue cuando explícitamente no se persigue.

Por otra parte, para Victor Frankl, creador de la logoterapia (*En busca del sentido de la vida*), el placer no puede intentarse como fin último y en sí mismo, sino que sólo llega a producirse justo cuando no es directamente perseguido. Al contrario, cuanto más se busca el placer, más se pierde.

Creo que si dentro de nuestra vida buscamos tiburones, conseguiremos la felicidad tan deseada. Un día, después de una conferencia se acercó a mí una mujer muy guapa, traumada porque tenía 15 kilos de más, ya había hecho todo para bajar de peso y no lo había conseguido. Me dijo que tenía tres hijas y que las había sacado adelante ella sola. Porque desde que estaba recién casada, no tenía ni para comer y que ella se había empeñado en trabajar muy duro para sacarlas adelante, pues su marido no daba golpe en la vida. Al mismo tiempo, no entendía por qué de un año para acá había subido tanto de peso. Profundizando un poco, me comentó que hacía unos años había puesto unas tiendas y que le había ido muy pero muy bien, que ya tenía resuelto el pago de la Universidad, que nada más iba a las tiendas a recoger el dinero. Le pregunté desde cuándo ya estaba tranquila económicamente hablando y me dijo que desde hacía un año. Lo que pasa aquí es que durante muchos años tuvo la motivación de trabajar y ganar dinero para poder mantener a sus hijas. Ahora que ya tiene solucionado su problema económico, ya no tiene la motivación de trabajar, y desde hace un año está deprimida y aumentó de peso.

Por lo anterior es decisivo que busquemos un proyecto de vida, hacer lo que nos gusta, no podemos pasar por la vida muertos en vida. Cuántas veces no escuchamos a personas que odian su trabajo, sólo están esperando a jubilarse y cuando les preguntas cuánto les falta dicen que como 10 años. Imagínate, trabajar 8 horas por 3,650 días más, en un lugar que no te gusta y, lo peor de todo, que un gran número de personas está así.

En las conferencias pregunto quién se quedó con ganas de estudiar o hacer algo. Una señora me dijo que ella se quedó con ganas de estudiar psicología, pero ya tenía 33 años; otra que quería estudiar contabilidad pero ya tenía 40, y yo les comentaba que la carrera sólo dura 4 años. Hoy hay tantas posibilidades de estudiar, por eso las mujeres no podemos perder la oportunidad de prepararnos. Pensar que en el siglo XX se ponían tantas trabas para que las mujeres estudiaran, y ahora hay tantas posibilidades.

Mientras vivimos, todas somos un proyecto por realizar. Si creemos que no hay nada más que hacer, o nada más que pensar, es que estamos muertas. La vida es un problema a resolver minuto a minuto, instante a instante. Tenemos que ser flexibles para mirar todos los caminos, los buenos y los malos. Abrirse a nuevas opiniones y nuevos puntos de vista nos convierte en un proyecto que se perfecciona día a día. No pierdas la oportunidad y ¡prepárate!

Yo quiero volar

Déjenme ya volar,

llevo mucho años queriendo hacerlo

pero no he podido

por atenderlos,

cuidarlos, mimarlos.

Nunca dejaré de amarlos

siempre estaré pendiente

pero en verdad yo

ya quiero volar,

quiero emprender mi camino,

quiero cumplir mi misión en la vida.

Yo quiero volar,

pero ahora sola.

He dejado parte de mi vida con ustedes,

lo he hecho de todo corazón,

pero ahora necesito y quiero volar.

No me juzguen,

entiéndanme,

no tendré remordimientos,

ya no cargaré con culpas.

Yo en verdad ya quiero volar,

no es egoísmo,

pero necesito realizarme,

prepararme, desarrollarme.

Espero que me entiendan.

Siempre los amaré,

estaré pendiente de ustedes,

pero a veces me siento congelada,

me siento frustrada,

por eso a veces exploto con ustedes,

que la verdad no tienen la culpa,

pero debo buscar mi proyecto de vida,

lo que me apasiona,

lo que amo.

Para que el día de mañana ustedes puedan volar,

yo debo hacerlo primero,

por eso les agradezco de todo corazón

que me entiendan,

que me comprendan,

Y que me dejen

VOLAR

Bibliografía

1. A.A. V.V. Antología de la sexualidad, volumen 1, págs. 299 a la 329. México 2002. Miguel Ángel Porrúa.
2. Aguilar, E. (1987). *Cómo ser tu mismo sin culpas*. México: Pax. p.p.12, 44-46.
3. Alcalá D. & Castany B. (2000). *El lenguaje del cuerpo y su conocimiento*. España: Obelisco. p. 8 y 9.
4. Brizendine, L. (2007). *El cerebro Femenino.* España: RBA. 285 págs.
5. Bourbeau, L. (2009). Las 5 heridas que impiden ser uno mismo. México: Diana. P.p. 77 a la 112.
6. Catañeda, M. Machismo invisible. México, 2002. Ed. Grijalbo. Págs. 64 y 65.

7. Dahlke, R. (1999). *Las etapas críticas de la vida.* España: Plaza y Janes. P.p.331 a la 359.
8. Fernández, Carlos. (1988). La *comunicación humana, ciencia social*. México: Mcgrawhill. P. 3, 207, 407.
9. García, A. (2007). *Rompiendo Barrera para el éxito.* México: Milestrone. P. 153
10. Gay, R. (2002). *El código de las emociones.* España: Sal Terrae. p. 137
11. Goleman, D. (2006). *La inteligencia emocional.* México: Vergara. p.p. 331.
12. González Núñez, J. & Padilla, T. & Patlán, M.E. (2004) *Relaciones interpersonales.* México: Manual Moderno. p.p. 65-76, 89.
13. González Núñez, J. (2005) Psicología de los masculino. México: Instituto Politécnico Nacional. p.p. 22, 94
14. Loi, Isidoro (1990). *La mujer.* México: Universo. P. XIII, XVII

15. López-Navarro, E. (2006). *El arte de la mala comunicación*. México: Trillas. p. 117-129.

16. Lujambio, J. Mamá Sola. México: Planeta. Págs.

17. Macías, R. (2002). *Antología de la sexualidad humana II*. México: Miguel Ángel Porrúa. pp. 171-174.

18. Miller, A. (2007). *El cuerpo no miente*. España: Tusquest editores. P.p. 22, 60 a la 68.

19. Navarro, R. (1999). Las emociones en el cuerpo. México: Pax. P.p 187 a la 195

20. Sánchez, M.C. & Sánchez, M.R. (2004). ¿Matrimonio feliz? México: Trillas. P.p. 61 a la 74

21. Tierno, B. (2004). *Vivir en familia*. Madrid: San Pablo. p.p. 19-23.

22. Navarro, R. (1999). *Las emociones en el cuerpo*. México: Pax. P. 29

23. Pérez, J. (2002) *Antología de la sexualidad humana II*. México: Porrúa.

24. Rage, Ernesto. *La pareja en un mundo cambiante*. México: Sedi. p. 194.

25. Schlessinger,L. (2006). Poder de Mujer. Estados Unidos de América. Ed. Rayo. Págs. 107 a la 153.

26. Tierno, B. (2004). *Vivir en familia*. Madrid: San Pablo. p.p. 19-23.

27. Velasco A. *(2005) El Lenguaje del cariño entre Padres e Hijos*. México: Picolo.

28. Velasco A. *(2007). Por favor no me griten por las buenas si hago caso.* México: Picolo.

29. Velasco A. *(2009)* Cómo educar una nueva generación de varones y princesas. México: Picolo.

30. Von, A. 2008 ¿Quién entiende a los hombres? Colombia: Grupo Editorial Norma. P. 3 a la 16.

Reseñas

Escritora de 10 libros, Conferenciante Internacional, motivadora, especialista a nivel Latinoamérica por Discovery Home and Health, locutora desde 1988. Aparece en programas de radio y televisión a nivel Internacional, para fomentar los valores y la comunicación familiar. Directora general de Editorial Picolo.

En *El lenguaje del cariño entre padres e hijos,* se presentan alternativas de comunicación con los hijos de una manera sencilla, evitando educar con maltrato y logrando un amor firme con límites. Se cree que la comunicación ocurre de modo natural y se le resta importancia, la consecuencia, es una mala comunicación. El lenguaje de amor es básico para todo ser humano, las expresiones como el contacto físico en caricias, abrazos, besos, es una forma de demostrar a los hijos que se les ama, ya que todo niño necesita cuidados.

Dulces sueños del niño es un libro perfecto para embarazadas, primerizas o las madres que todavía no han logrado que su hijo duerma toda la noche. El programa Dulces Sueños de Discovery Home and Health está basado en esta investigación y han logrado dormir muchas familias de Latinoamérica.

Por favor, no me griten, analiza las situaciones en que los padres maltratan a sus hijos, a veces sin darse cuenta. El maltrato infantil es un grave problema que, en vez de disminuir, va en aumento cada vez más, y con él la desvalorización del niño como ser humano. Esta obra se garantiza que la madre gritará menos a sus hijos, ya que siembra la semilla de la conciencia para que se comuniquen mejor.

En Mamá, papá: mejor escúchenme se dan alternativas para saber escuchar a los hijos en todas las edades, destacando la edad primaria. También se brindan herramientas prácticas para conocerlos y ayudarlos a superar sus limitaciones y enseñarles valores que formen su carácter. Saber escuchar es uno de los elementos educativos más poderosos y, también, un arte que los padres deben aprender.

Saber educar de forma distinta, más no desigual, a varones y mujeres es todo un arte, en *Varones y "princesas"* encontrarás la clave de la diferencia para hacerlo de una manera exitosa. A través de la lectura de cada una de las páginas de esta sencilla pero profunda obra aprenderás a conocer más de cerca cómo funciona el cerebro masculino en contraste con el femenino. Te darás cuenta que existen variadas estrategias, técnicas y disciplinas, no todas igualmente eficaces.

Mujeres y hombres en edad diamante parte de un concepto totalmente innovador, la autora Ale Velasco da un nuevo nombre a las personas de 75 años, ya no como la tercera edad, sino como La Edad de Diamante. En este libro da voz a los ancianos, para que los escuchen, que no les griten, que no los humillen. El objetivo es dignificar a la vejez para que se valoren y los valoremos.

El bullying me lastima es para padres, maestros y alumnos en donde se dan consejos útiles para prevenir y dar soluciones al problema de acoso escolar o "bullying". Se brindan propuestas de comunicación que darán herramientas tanto a los profesores, para poner límites a los alumnos, como a los padres de familia, para entablar normas en el hogar, y detener la violencia en las aulas y en el ámbito escolar en general.

Amo ser mujer, la autora toca temas trascendentales: El amor, el matrimonio, la educación a los hijos, lo esencial del lenguaje cotidiano, las mujeres explosivas, las madres posesivas, el secreto del equilibrio de la vida personal y profesional, buscar tiempo para sí misma, son todos asuntos que preocupan y deben ocupar a la mujer. Amo ser mujer es un libro íntimo y maravilloso que ayudará a que todas las mujeres, después de leerlo, deseen convertirse en la mejor versión de sí mismas.

¡Ayuda! tengo hijos, es una obra internacional con temas específico para cada etapa de la crianza de los hijos. En cada uno de estos capítulos se trabaja un valor (entre los que se encuentran el amor, la gratitud, el respeto y la flexibilidad). Incluye, además, un Anexo, denominado De corazón a corazón, en el que encontramos el Decálogo del método del lenguaje del cariño. En 10 sencillos pasos, la autora nos enseña cómo educar con amor.

Esta edición se imprimio en los
Talleres de Editorial Picolo, S.A. de C.V.
La mesa 39-6, Col. Sta. Ursula Xitla